ANNUAL REPORT ON
INTERNATIONAL COMMERCIAL ARBITRATION
IN

CHINA

中国国际商事仲裁年度报告

（2020~2021）

中国国际经济贸易仲裁委员会 主编
China International Economic and Trade Arbitration Commission

CIETAC

法律出版社
LAW PRESS·CHINA

《中国国际商事仲裁年度报告》(2020～2021)
编辑委员会

前　言

法治是国家核心竞争力的重要内容。当前，世界百年未有之大变局加速演变，和平与发展仍然是时代主题，但国际环境的不稳定性与不确定性明显上升。我国不断发展壮大，日益走近世界舞台中央。2020 年 11 月 16 日，习近平总书记在中央全面依法治国工作会议上强调，坚持统筹推进国内法治和涉外法治。要加快涉外法治工作战略布局，协调推进国内治理和国际治理，以更好地维护国家主权、安全、发展利益。要注重培育一批国际一流的仲裁机构、律师事务所，把涉外法治保障和服务工作做得更有成效。

作为中国最具代表性的国际性常设仲裁机构，中国国际经济贸易仲裁委员会（以下简称贸仲）具有 60 多年处理国际商事争议的丰富实践经验，并不断推动我国涉外仲裁制度创新和仲裁法治建设发展。近年来，贸仲国际商事仲裁案件受案量、标的额以及当事人国籍数量均名列国际仲裁机构前列，仲裁裁决在全球 100 多个国家和地区得到执行，以大量的实例铸就了中国仲裁的国际公信力和影响力。2021 年 5 月，贸仲被业界权威国际仲裁调研报告评为“全球最受欢迎的五大仲裁机构”之一，这是我国仲裁机构首次跻身前五,体现了国际仲裁界和广大仲裁用户对中国仲裁法治的认可和信任。

2015年9月22日,贸仲在北京首次发布《中国国际商事仲裁年度报告(2014)》,这是国内第一次针对中国国际商事仲裁(通常意义上的中国涉外仲裁)的发展所作的年度总结。自2014年起连续6年发布的中英文版《中国国际商事仲裁年度报告》均受到了国内外仲裁理论和实务界的广泛关注。为进一步总结中国国际商事仲裁法治建设情况,推动我国国际商事仲裁制度完善、行业发展和信息交流,扩大我国在国际商事仲裁舞台上的话语权和影响力,并为我国进一步发展国际商事仲裁事业提供参考,贸仲决定继续编写并发布《中国国际商事仲裁年度报告(2020～2021)》。

《中国国际商事仲裁年度报告(2020～2021)》除前言和年度总结外,共有5章,分别为"中国国际商事仲裁发展概况""新冠肺炎疫情下国际商事仲裁发展与实践""金融类仲裁案件特别观察""仲裁员利益冲突及回避情形热点问题研究""2020年中国法院涉外商事仲裁司法审查综述"。本书采用实证分析与理论研究相结合的研究方法,力求展现中国国际商事仲裁发展的亮点。具体而言,在分析2020年中国国际商事仲裁案件数据和中国仲裁法制实践发展的基础上,同步跟踪国内外商事仲裁理论研究动态,探讨中国国际商事仲裁司法审查情况,分析新冠肺炎疫情下国际商事仲裁发展与实践、研究仲裁员利益冲突及回避情形热点问题,并以金融类仲裁案件作为本年度商事仲裁发展的特别观察重点。本书针对新冠肺炎疫情影响下可能出现的仲裁争议和法律问题,以及在仲裁实践中如何积极应对等问题及时提出了对策、建议和意见，体现了课题研究工作的时效性。

《中国国际商事仲裁年度报告（2020～2021）》课题组组长为中国人民大学法学院党委常务副书记、副院长杜焕芳仲裁员和贸仲仲裁研究所主任姚俊逸，课题组主要成员为最高人民法院民事审判第四庭副庭长沈红雨法官、中国政法大学国际法学院教授宋连斌仲裁员、安杰律师事务所合伙人律师董箫仲裁员、英国品诚梅森律师事务所（Pinsent Masons LLP）合伙人及中国区联合负责人陈希佳仲裁员、兰台律师事务所合伙人律师杨强仲裁员。中国人民大学法学院博士研究生杨珮茹、郭晶晶参与了部分内容的撰写。具体分工如下：前言和年度总结由杜焕芳负责撰写，第一章由杜焕芳、杨珮茹、郭晶晶负责撰写，第二章由董箫负责撰写，第三章由杨强负责撰写，第四章由宋连斌、陈希佳负责撰写，第五章由沈红雨主持编写。初稿完成后，由姚俊逸与杜焕芳统稿，随后由贸仲副主任兼秘书长王承杰，贸仲党委书记兼副秘书长徐延波，贸仲仲裁院副院长谷岩、解常晴等进行审稿。

《中国国际商事仲裁年度报告（2020～2021）》得到了最高人民法院民事审判第四庭的大力支持，本书第五章"2020年中国法院涉外商事仲裁司法审查综述"由最高人民法院民事审判第四庭编写。司法部公共法律服务管理局、中国人民大学法学院、中国政法大学国际法学院、安杰律师事务所、兰台律师事务所、英国品诚梅森律师事务所等单位在资料提供、初稿撰写、中期评审等方面给予了便利条件和大力协助。中国政法大学国际法学院博士研究生武振国对本书的部分写作提供了资料与协助，贸仲仲裁研究所粟撒、张蓓、许天舒等为本书的课题立项、分工协调、典型案例及数据收集、文字核校等工作付出了大量努力。法律出版社法治与经济出版分社社长沈小英、责任编辑毛镜澄等为本书的出版给予了大力支持。在此一并表示由衷感谢!

《中国国际商事仲裁年度报告(2020～2021)》课题组

2021 年 8 月

目　录

第一章　中国国际商事仲裁发展概况

一、中国国际商事仲裁案件数据分析

（一）全国仲裁委员会受理案件情况

1. 受案量及标的额

总体而言，2020 年中国仲裁事业虽受到了新冠肺炎疫情一定程度的影响，但仍保持积极向好的稳步发展态势。

2020 年，全国 259 家仲裁委员会共受理案件 400，711 件，其中传统商事仲裁案件为 261，047 件，较 2019 年减少 20，364 件，同比降低 7%；有 47 家仲裁委员会运用网上仲裁方式处理案件 139，664 件，较 2019 年减少 65，880 件，同比降低 32%。2020 年，全国仲裁案件标的总额为 7187 亿元，较 2019 年减少 411 亿元，同比降低 5.4%（见图 1－1 至图 1－4）。

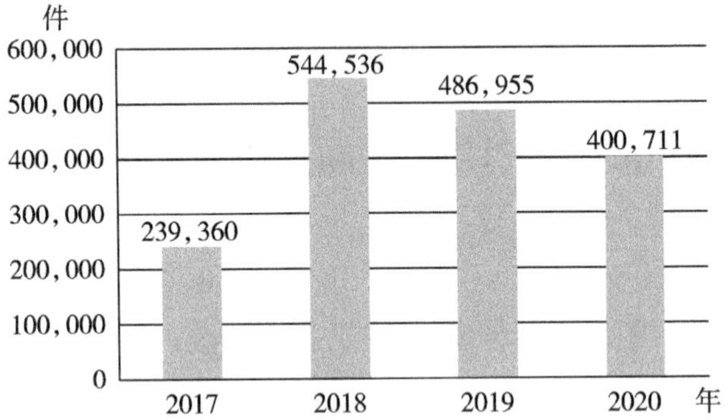

图1-1　全国仲裁委员会受案总量

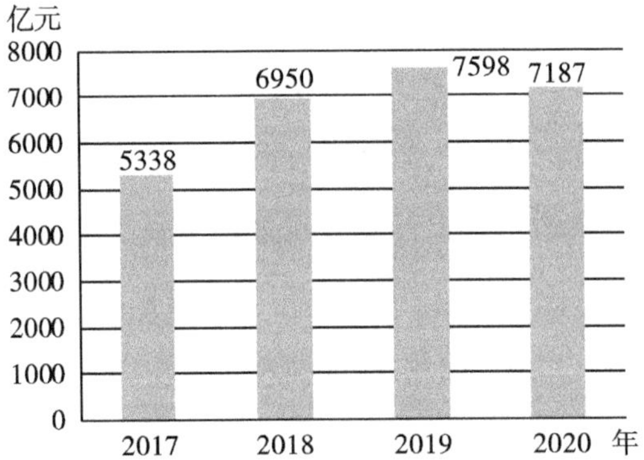

图1-2　全国仲裁委员会受案标的总额

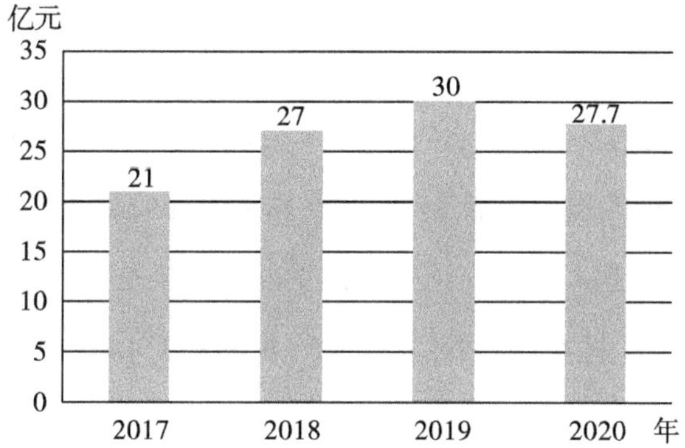

图 1－3　全国仲裁委员会平均受案标的额

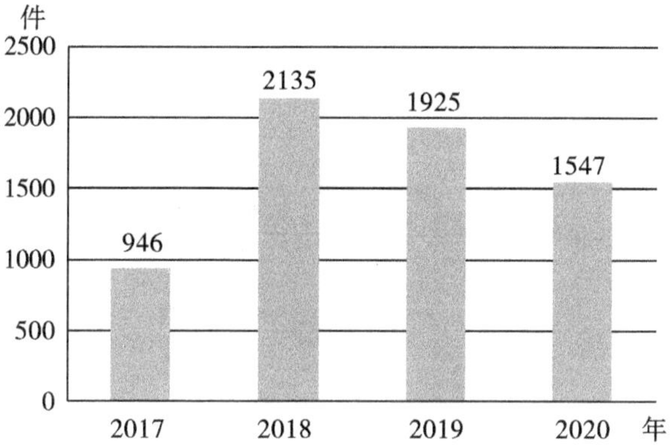

图 1－4　全国仲裁委员会平均受案量

2020 年，全国 259 家仲裁委员会中，中国国际商会（China Chamber of Internation Commerce，CCOIC）设立的仲裁委员会（共 3 家，即中国国际经济贸易仲裁委员会、中国海事仲裁委员会与海峡两岸仲裁中心）共受理案件 3739 件，占全国案件总数的 0.9%；标的额为 1131 亿元，占全国案件标的总额的15.7%。其中,中国国际经济贸易仲裁委员会受理案件3615件,占比96.7%;标的额为1121亿元,占比99.1%。

直辖市设立的仲裁委员会(共5家)处理案件17,227件,占全国案件总数的4.3%;标的额为1844亿元,占全国案件标的总额的25.7%。

省、自治区人民政府所在地的市设立的仲裁委员会(共27家)处理案件80,533件,占全国案件总数的20.1%;标的额为1441亿元,占全国案件标的总额的20%。

其他设区的市设立的仲裁委员会(共224家)处理案件299,212件,占全国案件总数的74.7%;标的额为2773亿元,占全国案件标的总额的38.6%(见图1－5、图1－6)。

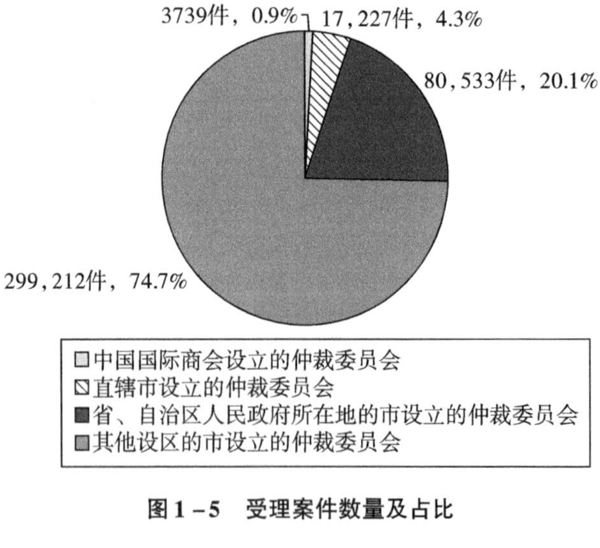

图1－5 受理案件数量及占比

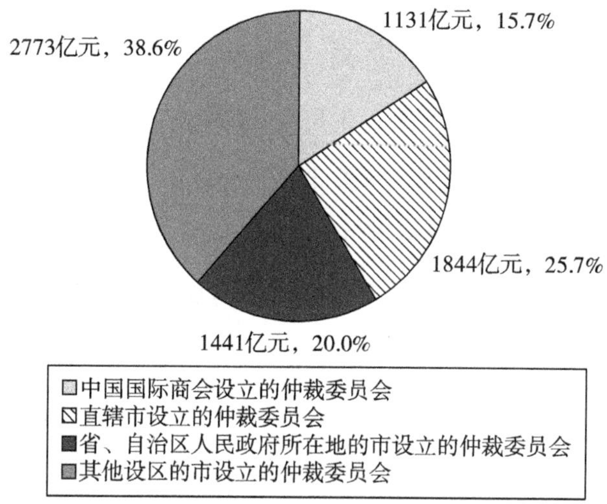

图 1－6　标的额数量及占比

2. 受理主要案件类型情况

2020 年全国仲裁委员会处理各类案件的数量依次为：金融类案件 225,673 件，占全国案件总数的 56.32%；房地产类案件 38,075 件，占 9.5%；买卖类案件 18,978 件，占 4.74%；交通事故赔偿类案件 14,358 件，占 3.58%；建设工程类案件 13,340 件，占 3.33%；租赁类案件 12,053 件，占 3.01%；物业类案件 11,871 件，占 2.95%；保险类案件 7181 件，占 1.79%；电子商务类案件 5393 件，占 1.35%；股权转让类案件 2416 件，占 0.6%；土地交易类案件 394 件，占 0.1%；知识产权类案件 1992 件，占 0.48%；医疗纠纷赔偿类案件 303 件，占 0.08%；农业生产经营类案件 158 件，占 0.04%；其他类案件，占 12.13%。

各类案件标的额依次为：金融类案件标的额 2048 亿元，占全国案件标的总额的28.5%;股权转让类1058亿元,占14.72%;建设工程类1019亿元,占14.18%;买卖类487亿元,占6.78%;房地产类422亿元,占5.88%;土地交易类216亿元,占3.01%;租赁类166亿元,占2.3%;保险类51亿元,占0.72%;知识产权类38亿元,占0.52%;电子商务类20亿元,占0.28%;农业生产经营类12亿元,占0.17%;物业类10亿元,占0.13%;交通事故赔偿类6亿元,占0.08%;医疗纠纷赔偿类1亿元,占0.01%;其他类,占22.72%。

3. 平均处理案件情况

2020年,全国259家仲裁委员会平均处理案件1547件,比2019年减少378件,降低19.6%;平均标的额为28亿元,比2019年降低2亿元,降低6.7%。

2020年,全国31个省、自治区、直辖市共处理案件396,972件,案件标的总额6056亿元,各省、自治区、直辖市平均案件数12,806件,比2019年减少2787件,降低18%;平均标的额为195亿元,比2019年减少11亿元,降低5%。

4. 调解和解及司法监督情况

2020年,以调解和解方式结案的案件数为91,981件,占传统商事案件受案总数的35%,较2019年的31%增长了4个百分点。

2020年,被人民法院裁定撤销仲裁裁决103件,占案件总数的0.03%,与2019年的154件、占案件总数的0.03%的撤销率相同;被裁定不予执行仲裁裁决852件,占案件总数的0.21%,与2019年的2076件不予执行仲裁裁决的占比 0.43% 相比大幅下降，共计 0.22 个百分点。2020 年，我国机构作出的仲裁裁决在国外未发现被不予执行的情况。

5. 涉外、涉我国港澳台地区案件受理情况

2020 年，共有 61 家仲裁委员会受理涉我国港澳台地区和涉外案件共计 2180 件，较 2019 年下降 40 件。案件主要集中在北京、上海、江苏、浙江、福建、广东等省、市。其中，涉我国香港特别行政区案件 938 件，涉我国澳门特别行政区案件 64 件，涉我国台湾地区案件 108 件，其他涉外案件 1070 件。处理涉我国港澳台地区和涉外案件超过 100 件的有 5 家仲裁委员会，分别为：中国国际经济贸易仲裁委员会 739 件，深圳国际仲裁院 310 件，广州仲裁委员会 284 件，北京仲裁委员会 215 件，上海国际经济贸易仲裁委员会 112 件。

（二）中国国际商事仲裁实践之比较

本章拟将中国国际商事仲裁实践与世界上主要仲裁机构在 2020 年的实践进行横向对比，并归纳总结中国国际商事仲裁实践中的突出特点与发展趋势。考虑到中国国际商事仲裁多采取机构仲裁模式，本章选取了以下主要仲裁机构作为比较对象：中国国际经济贸易仲裁委员会（China International Economic and Trade Arbitration Commission，CIETAC，以下简称贸仲）、国际商会国际仲裁院（International Chamber of Commerce International Court of Arbitration，以下简称 ICC 仲裁院）、伦敦国际仲裁院（London Court of International Arbitration，LCIA）、斯德哥尔摩商会仲裁院（The Arbitration Institute of the Stockholm Chamber of Commerce，SCC）、新

加坡国际仲裁中心(Singapore International Arbitration Centre，SIAC)、香港国际仲裁中心(Hong Kong International Arbitration Center，HKIAC)。本章将对上述国际商事仲裁机构官方发布的年报进行比较分析，并重点归纳2020年中国国际商事仲裁实践的亮点及其发展趋势。

1. 受案量

2020年，贸仲受理仲裁案件共计3615件，同比增长8.5%，受理仲裁案件数量实现连年增长。其中，涉及76个国家和地区的涉外、涉我国港澳台地区案件共739件(包括双方均为境外当事人的国际案件67件)，同比增长20%。约定适用英文或中英文双语的案件102件。案件的国际化因素明显增强，涉外案件数量大幅增加，当事人选择适用国际公约和境外法律情况增多，涉及包括《联合国国际货物销售合同公约》，我国香港特别行政区、开曼群岛、英格兰、韩国、英国等国家或地区法律(见图1－7)。

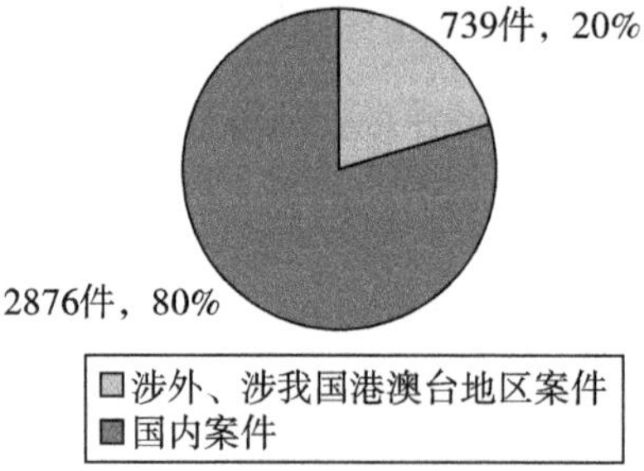

图1－7　贸仲2020年案件数量及对比

ICC 2020年共受理946件案件，创历史新高，同比增长8.9%。案件涉及145个法域和113个仲裁地。

SIAC 2020年共受理案件1080件。数量大幅增加,同比增长125%,创下机构成立以来的最高纪录。其中94%的案件具有涉外国际因素,仅有6%的案件为新加坡国内案件。案件共涉及60个法域,适用的准据法涉及20个法域,其中援引次数较多的是新加坡法(76%)、英国法(9%)和印度法(2%)。

LCIA 2020年共受理案件444件,其中407个案件根据《伦敦国际仲裁院仲裁规则》提起,双双创下历史新高。其中,小额标的类案件数量减少,大额标的类案件及多合同的或存在多方当事人的仲裁案件数量增加。

SCC 2020年共受理213件案件,数量为机构创立以来第二高,同比增长22%。其中,105件案件具有国际因素,其余108件案件为瑞典国内案件。

HKIAC 2020年共受理案件318件,其中72.3%的案件具有涉外因素,包括31.8%的案件双方当事人均来自我国香港特别行政区以外,以及6.6%的案件当事人均来自亚洲以外。在准据法的选择上,我国香港特别行政区法律仍然处于第一顺位,紧随其后的是英国法律和中华人民共和国法律。此外,美国加利福尼亚州、美国纽约州、开曼群岛、美国特拉华州、德国、意大利、新加坡等国家或地区的法律也得到了适用(见图1-8)。

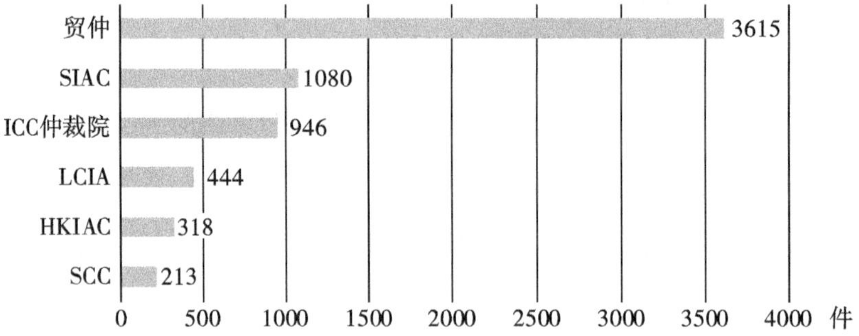

图1-8 2020年各大仲裁机构受案数量对比

2.案件当事人

对国际商事仲裁来说,仲裁机构的国际化水平、国际知名度与认可度主要取决于受理案件的国际化程度,即主要体现案件当事人与争议的国际化程度。2020年,各主要国际仲裁机构目前公布的有关案件当事人来自的国家或地区情况如下:

贸仲受理的案件当事人涉及76个国家和地区,主要来自中国香港特别行政区、美国、英属维尔京群岛、德国、韩国、中国台湾地区、开曼群岛、新加坡、英国、澳大利亚、日本、埃塞俄比亚、法国、加拿大、印度、俄罗斯、阿联酋、意大利、越南、巴基斯坦等。

ICC仲裁院受理的案件涉及2507个当事人,几乎覆盖了所有世界主要经济体,继续保持显著的国际化特点。其中,美国(232个当事人,占比9.3%)和巴西(150个当事人,占比6%)是当事人占比靠前的法域。此外,其他法域当事人所占比重均未超过5%,体现出广阔而分散的全球化特征。此外,当事人中含有国有企业(state entity)在新登记案件中占比19.8%。

在 SIAC 受理的案件中，来自印度、美国和中国的当事人数量位居前三，分别为 690 人、545 人和 195 人。其余当事人来自瑞士、泰国、印度尼西亚、中国香港特别行政区、越南、日本和开曼群岛等国家和地区。与 2019 年相比，来自美国、瑞士、越南和开曼群岛的当事人数量显著增加。此外，有 1 起案件的一方当事人为主权国家。

在 LCIA 受理的案件中，当事人来自 88 个不同国家或地区，其中英国、瑞士和俄罗斯当事人数量位居前三，分别占比 13.4%、7.5% 和 6.8%。与 2019 年相比，英国当事人数量略有下降，瑞士、美国、塞浦路斯和英属维尔京群岛当事人数量显著增加。

在 SCC 受理的 213 件案件中，108 件案件仅涉及瑞典当事人，另有 105 件案件为国际性案件，涉及来自 42 个国家和地区的当事人。除瑞典（363 位）外，来自挪威（19 位）、芬兰（19 位）和乌克兰（17 位）的当事人数量排名较靠前。

在 HKIAC 受理的案件中，当事人来自 45 个国家和地区。其中当事人数量排名靠前的国家或地区为：中国香港特别行政区、中国内地、英属维尔京群岛、美国、开曼群岛、新加坡、韩国、马来西亚、英国和阿拉伯联合酋长国。

3. 争议类型

贸仲 2020 年受理的案件类型总共有 21 种，包括一般货物买卖纠纷、机电设备纠纷、股权投资和股权转让纠纷、服务合同纠纷、建筑工程纠纷等。一般货物买卖纠纷案件数量居首位，共 508 件；机电设备纠纷案件大幅增加（459 件，比 2019 年增加 148 件）；股权投资和股权转让纠纷、服务合同纠纷、建筑工程纠纷案件保持较高数量(分别为449件、397件、336件)。此外,域名争议受理案件143件,其中".cn"域名争议案件59件,通用顶级域名(gTLD)争议案件84件(见图1－9)。

图1－9　2020年贸仲受案类型及案件数

2020年,ICC仲裁院受理的案件类型主要为建筑工程案件(20.9%)和能源案件(18%),其中包括石油和天然气(上游、下游和运输)和电力项目。

2020年,SIAC受理的案件类型主要为:贸易案件(64%)、其他案件(11%)、商事案件(8%)、企业案件(7%)、海商海事案件(6%)和建筑工程案件(4%)。

2020年,LCIA受理的案件类型主要为:货物买卖案件(20%)、服务贸易案件(21%)、股权纠纷(20%)、借贷案件(16%)、其他案件(15%)、知识产权案件(5%)、合伙案件(30%)。

2020年,SCC受理的争议主要来自服务合同、交付合同和商业收购活动,其案件类型主要为:服务案件(25.8%)、交付案件(21.6%)、商业收购案件(14.6%)、并购与公司案件(9.9%)、建筑工程案件(8.5%)、借贷案件(4.7%)、其他案件(7.3%)、雇佣关系案件(3.8%)、企业案件(3.8%)。

2020年,HKIAC受理的案件类型主要为:国际货物买卖案件(27%)、海商海事案件(18.6%)、企业案件(18.3%)、银行和金融服务案件(13.5%)、建筑工程案件(10.7%)、专业服务案件(7.2%)、保险案件(2.2%)、知识产权案件(2.2%)和雇佣关系案件(0.3%)。

4. 仲裁地

仲裁地的选择对国际商事仲裁来说至关重要,关乎仲裁裁决受何法域司法审查。根据英国伦敦大学玛丽女王学院(Queen Mary University of London)发布的《2021年国际仲裁调查》,2020年度最受当事人青睐的前5名仲裁地依次为:伦敦(54%)、新加坡(54%)、中国香港特别行政区(50%)、巴黎(35%)和日内瓦(13%),北京(12%)和上海(8%)分列榜单第6位和第8位。① 与2019年相比,新加坡和中国香港特别行政区的排名

① Abby Coher Smutny & Norah Gallagher, 2021 *International Arbitration Survey: Adapting arbitration to a changing world*, QMUL, http://www.arbitration.qmul.ac.uk/research/2021-international-arbitration-survey/, last visit May 23rd, 2021.

大幅跃升,迪拜、斯德哥尔摩则有所下降。在2019年的调查中,当事人在选择仲裁地的过程中,仲裁地的声誉及认可度是最重要的考量因素,其他因素包括仲裁地国内法、仲裁裁决执行力以及仲裁员名单等。① 在2020年调查中,当事人在仲裁地选择时的首要考量因素转变为当地法院与司法政策对仲裁的支持程度,当地司法系统的中立性、仲裁裁决的执行性以及紧急仲裁员或临时措施的可执行性等考虑紧随其后。这表明了当事人在选择仲裁地时,由主要考虑仲裁地声誉等因素向实用主义转变,更加注重仲裁裁决的结果与可执行程度。在上述2020年调查中,北京作为仲裁地对亚太地区、非洲地区、欧洲地区与中东地区的当事人来说具有较高的吸引力,其中在欧洲地区、中东地区与非洲地区,北京作为仲裁地的吸引程度超过了中国香港特别行政区,分别为30%、29%和32%(中国香港特别行政区分别为26%、27%、18%)。对中国当事人来说,仲裁地的首选应为亚太国家或地区。与伦敦、巴黎等久负盛名的国际仲裁地相比,北京具有支持仲裁的法律与政策、国际化的商业流动性、以贸仲为代表的国际知名仲裁机构、高性价比的仲裁成本优势以及良好的配套设施与素质精良的仲裁员,值得当事人广泛关注。

5. 仲裁员

2020年,在贸仲受理的案件中,外籍仲裁员共76人次参与审理案件

---

① Paul Friedland & Professor Stavros Brekoulakis, 2018 *International Arbitration Survey: The Evolution of International Arbitration*, QMUL(Apr. 30, 2021), http://www.arbitration.qmul.ac.uk/media/arbitration/docs/2018-International-Arbitration-Survey---The-Evolution-of-International-Arbitration-(2).PDF.

72 件,约定适用英文或中英双语案件 102 件。

2020 年,SIAC 共有 145 名仲裁员接受共计 288 人次的任命,其中外籍仲裁员任命 186 人次。外籍仲裁员主要来自英国、美国、澳大利亚、马来西亚、印度、加拿大等国家。在 SIAC 发起的 143 人次的仲裁员任命中,46 人次为女性仲裁员,占比 32.2%。

2020 年,LCIA 共有 293 名仲裁员的 533 人次任命,其中当事人指定的仲裁员占比 45%,由仲裁院指定的仲裁员占比 42%;3 人仲裁庭占比 52%,独任仲裁庭占比 48%。此外,女性仲裁员的总体任命比例达到了 33%,与 2019 年的 29% 相比略有增长。

2020 年,SCC 共有 255 人次仲裁员任命,其中绝大多数仲裁员来自欧洲(247 人次)。此外,还有来自北美洲(6 人次)、澳大利亚(1 人次)和南美洲(1 人次)的仲裁员。在所有任命中,女性仲裁员占比 31%,男性仲裁员占比 69%。

2020 年,HKIAC 共有 149 人次仲裁员任命。其中,74 人次为 3 年内首次任命的仲裁员,占比 49.7%。34 人次为女性仲裁员,占比 22.8%。仲裁员主要来自以下国家或地区:中国香港特别行政区(22.8%)、英国(18.8%)、澳大利亚(10.1%)、新加坡(5.4%)、马来西亚(5.4%)、中国内地(4%)和加拿大(4%)。

6. 仲裁争议金额

2020 年,贸仲受理仲裁案件涉案标的额达人民币 1221.3 亿元,再破千亿元大关。上亿元人民币标的额争议案件共计 203 件,其中人民币 10 亿元以上案件 14 件。涉外案件争议金额达人民币 377.9 亿元,其中双方均为境外当事人的案件标的额达人民币 37.3 亿元(同比增长 23.9%)。

2020 年,ICC 仲裁院未决案件的总争议金额达到 2580 亿美元,案件平均争议金额为 1.45 亿美元。除大型复杂案件外,ICC 仲裁院也有大量争议金额较低的案件。2020 年新登记案件中有 37.6% 的案件争议金额不超过 300 万美元。

2020 年,SIAC 受理的案件争议总标的额为 84.9 亿美元,案件平均争议金额为 192.6 万美元。其中,争议金额最高的案件标的额为 9.3 亿美元。

2020 年,SCC 受理的案件争议总标的额为 20 亿欧元,包括适用普通规则的案件、适用快速仲裁规则的案件和紧急仲裁案件。

2020 年,HKIAC 受理的案件争议总标的额为 88 亿美元,案件平均标的额为 3240 万美元。

7. 小结

通过对上述主要国际商事仲裁机构的年报和案件数据的统计分析,可以得出以下基本结论:

第一,就受案量而言,2020 年,包括贸仲、ICC 仲裁院、SIAC、LCIA、SCC 和 HKIAC 在内的几个仲裁机构受案量均呈上升趋势。在中国的国际商事仲裁机构中,相对国内其他仲裁机构而言,贸仲受理案件的总标的额、涉外案件数量、当事人国际化程度、法律适用的复杂程度等均十分突出,是中国最具影响力和代表性的国际商事仲裁机构。

第二,就争议类型而言,中国国际商事仲裁机构受理的案件类型持续增加。一方面,诸如货物买卖纠纷、机电设备纠纷、股权纠纷等传统的纠纷类型仍然是争议涉及的主要类型;另一方面,互联网、文娱产业、知识产权等领域的纠纷案件也开始崭露头角。互联网的无边性、瞬时性与全球性对诸多传统权益保护带来诸多挑战,同时新型权利及其争议的不断出现也对仲裁机构与仲裁员的业务水平提出了更高要求。

第三,就争议金额而言,各国际仲裁机构均在2020年实现了受案总标的额的显著增长。其中,贸仲受理仲裁案件涉案标的额再破千亿元大关,其中标的额过亿元的大标的额案件数量尤为突出。受案标的额的大幅增长,亦从侧面反映中国国际商事仲裁机构的服务质量与业务水平不断得到当事人的认可,大额标的案件的回流无疑将助力中国国际商事仲裁事业的稳步发展。

第四,就国际化程度而言,贸仲的国际案件数量显著增加,案件当事人涉及的国家与地区分布更广泛,体现了我国国际商事仲裁机构逐渐扩大的国际影响力。随着中国跨国商事活动的日益增多,国际商事争端解决已经成为我国优化营商环境、推动全球治理法治化的重要环节。在《2021年国际仲裁调查》中,贸仲在最受当事人青睐的仲裁机构评选中位列第五,仅次于ICC仲裁院、SIAC、HKIAC与LCIA。这意味着,贸仲作为中国国际商事仲裁的一面旗帜,已被越来越多的国际商事争议当事人所认可。在制度层面上,中国国际商事仲裁机构对外依托“一带一路”建设的平台,对内立足于我国的自由贸易试验区(以下简称自贸区)扩大仲裁市场准入,与世界范围内的国际争议解决机构和组织建立了紧密的机制化联系,促进了我国仲裁机构与国际先进仲裁机构的交流与合作,以及中国仲裁生态的良性发展。

二、国内外商事仲裁研究动态

综合对2020年收录于各中英文数据库、国家图书馆及纸质期刊上的商事仲裁中英文类研究文献,梳理和归纳了2020年以来国内外商事仲裁研究的主要研究动态。

(一)国内研究动态

2020年中文类研究文献所涉内容,一部分是在过往研究的基础上深入和发展的研究,另一部分是为应对国际商事仲裁领域的新问题而展开的新研究。2020年中文类研究文献主要集中在《民法典》与仲裁、当事人意思自治、国际商事仲裁、网络仲裁、我国自贸区的临时仲裁制度和"一带一路"倡议下国际商事仲裁的发展。

1.《民法典》与仲裁

《民法典》于2021年1月1日正式实施,《民法总则》《民法通则》《合同法》和《物权法》等法律同时废止。《民法典》中共有18个条文明文载有关于"仲裁"的规定。按其用意和功能,这些条文可以分为以下4类:

第一类是关于仲裁可作为特定争议的解决方法的规定(《民法典》第233条、第944条、第229条)。原《合同法》中即规定"可以根据仲裁协议向仲裁机构申请仲裁。涉外合同的当事人可以根据仲裁协议向中国仲裁机构或者其他仲裁机构申请仲裁。当事人没有订立仲裁协议或者仲裁协议无效的，可以向人民法院起诉”。在《民法典》施行、《合同法》废止后，仲裁作为主要的争议解决方式的法律地位不受影响。这是因为《民法典》是实体法，它并不废止、也不取代《仲裁法》《民事诉讼法》等程序性法律。我国《仲裁法》第 2 条明确规定：“平等主体的公民、法人和其他组织之间发生的合同纠纷和其他财产权益纠纷，可以仲裁。”

第二类是关于仲裁时效的规定（《民法典》第 195 条、第 198 条、第 594 条、第 694 条）。仲裁时效规定于《民法典》之中，其本身就具有深刻寓意。不同法域一直存在仲裁时效属于程序性问题还是实体性问题的分歧。如果仲裁时效属于程序性问题，仲裁庭就有权主动以诉求超过仲裁时效为由决定诉求的不可受理性或者予以驳回；如果仲裁时效属于实体性问题，则仲裁庭必须尊重当事人的请求权，考虑仲裁时效要以当事人提出了有关仲裁时效的抗辩为基础，仲裁庭不宜主动考虑当事人的诉求是否超过了仲裁时效。《民法典》继承了我国仲裁和司法实践的传统，将仲裁时效规定于实体法中，表明在我国法律体系中，仲裁时效被视为实体问题而非程序问题。

第三类是关于仲裁机构对特定争议有裁判权的规定（《民法典》第 147 条、第 148 条、第 149 条、第 150 条、第 151 条、第 533 条、第 565 条、第 580 条、第 585 条）。仲裁具有契约性和国家授权性的双重属性，在《民法典》中明确仲裁庭对一些可能产生歧义的特定问题的裁判权有助于消除分歧，平衡司法机关和仲裁机关的权力分配，容许当事人事前在仲裁和诉讼两种法律解决手段中作出理性选择。《民法典》将司法机关和仲裁机关平等对待,规定在涉及重大误解、欺诈、胁迫、显失公平、情势变迁、合同解除、合同终止、违约金调整等争议处理中,仲裁机构和人民法院同样有对相应请求的确认权、裁判权。

第四类是关于在先仲裁作为一般保证人承担保证责任的规定(《民法典》第687条、第693条)。《民法典》将保证责任划分为一般保证责任和连带保证责任。当事人在保证合同中约定,债务人不能履行债务时,由保证人承担保证责任的,为一般保证。一般保证的担保力度相对较弱,一般保证中的保证人享有先诉抗辩权,其负担也就相对较轻。为了使一般保证中保证人的权责平衡,《民法典》将主合同纠纷是否经过法律程序(仲裁或诉讼)作为一般保证人是否承担保证责任的杠杆之一。①

2. 当事人意思自治

当事人意思自治是国际商事仲裁的核心要义,贯穿仲裁的整个程序,也是其与诉讼的重要区别。但是,除传统仲裁事项外,有学者提出,当事人还能否在国际商事仲裁中进一步扩张意思自治行使的范围,具体包括能否将无涉外因素案件提交他国仲裁、能否通过双方合意变更国际商事仲裁裁决撤销以及不予承认和执行的事由等。

对于能否将无涉外因素案件提交他国仲裁这一问题,学者认为,如果能够突破当前国际商事仲裁对“国际性”认定的传统标准,重新对涉外要素作出解读——允许当事人将无涉外因素案件提交他国仲裁,并且能够保

---

① 参见《简述〈民法典〉有关仲裁的规定》,载法制网,http://www.legaldaily.com.cn/Arbitration/content/2020－09/02/content_8295570.htm。

证在他国作出的有关纯粹内国商事仲裁裁决可按照《承认及执行外国仲裁裁决公约》(以下简称《纽约公约》)在全球范围内得到承认和执行,那么,当事人将获得更多选择自由和决定自由,当事人意思自治理论的内涵也会得以极大丰富;对于能否通过双方合意变更国际商事仲裁裁决的撤销这一问题,国际商事仲裁领域并不存在有关国际商事仲裁裁决撤销的统一适用公约,各国当前基本上以《纽约公约》第5条有关裁决不予承认和执行的规定作为裁决撤销的法定事由。为统一执行公约标准,各国基本上未就裁决撤销事由能否变更事项作出明确规定,当事人一般不享有变更裁决撤销事由的自由;对于当事人能否对国际商事仲裁裁决不予承认和执行的事由进行改造这一问题,《纽约公约》第5条明确列举了仲裁裁决不予承认和执行的7种事由。但是,《纽约公约》并未对该条规定的性质作出明确说明,以致当事人以其他事由提出相关抗辩。如果允许当事人在裁决承认和执行的过程中以其他事由提出抗辩,那么,当事人的意思自治就得到了充分实现。然而,有学者认为,这种允许扩张行使意思自治的自由与国际商事仲裁的普遍实践相冲突,严重背离了《纽约公约》制定的初衷——促进国际商事仲裁裁决在全球范围内的统一执行。根据仲裁实践经验,即便当事人无法对国际商事仲裁裁决不予承认和执行的事由作出修正,当事人意思自治也可以通过向法院提起诉讼的救济方式间接实现意思自治的有效扩张。①

此外,还有学者研究了仲裁机构管理权过度扩张的问题。他们认为,

① 参见孙建丽:《国际商事仲裁中当事人意思自治问题研究》,对外经济贸易大学2020年博士学位论文,第16~17页。

仲裁机构管理权的过度扩张会引起仲裁程序中当事人意思自治边界的冲突,主要表现为仲裁规则规定与仲裁协议约定之间的不兼容。维护当事人利益离不开对其意思自治的尊重,仲裁机构管理权的扩张应当适度,并尊重当事人的意思自治。追求仲裁机构管理权与当事人意思自治之间的协调平衡,不能简单地将当事人意愿与仲裁规则进行粗暴的拼接结合,而应当通过在仲裁规则中构建"冲突指引"来提升当事人对仲裁程序的合理预期,从而有效解决仲裁机构管理权扩张与当事人意思自治边界间的紧张冲突。①

3. 新冠肺炎疫情影响下的国际商事仲裁

新冠肺炎疫情导致中国一些从事对外经贸活动的企业不能或部分不能按国际商事合同履约,从而引发了一系列的国际商事仲裁纠纷。国际商事合同传统模版的不可抗力条款是否能适用以及应如何适用于新冠肺炎疫情,是此类国际商事纠纷的法律焦点。妥善解决这些问题需要分析不同法律体系中不可抗力的法定条件以及国际商事合同中对不可抗力条款的约定。仲裁机构在纠纷解决时都会对涉案国际商事合同所适用的法律进行识别,从而区别适用中国法律、外国法律或国际条约(如CISG)等不同情况。因此,新冠肺炎疫情能否构成具体案例中的不可抗力或艰难情势,需要具体分析相关法律问题和事实情况。

不可抗力(法文"force majeure"或英文"act of God")是大陆法系中的

① 参见杜焕芳、李贤森:《国际商事仲裁当事人程序自治边界冲突与平衡》,载《法学评论》2020年第2期。

一项普遍原则，指“无法预见或控制的事件或效果”。普通法中并没有“不可抗力”这一概念（尽管普通法系国家接受商业合同中存在“不可抗力”条款），普通法中与“不可抗力”类似的概念是“合同落空”（frustration of contract）。但是，合同落空与不可抗力还是存在一定的区别。《联合国国际货物销售合同公约》（the United Nations Convention on Contracts for the International Sale of Goods，CISG）没有沿用大陆法或英美法中“不可抗力”或“合同落空”等概念作为免责的依据，而是在第 79 条规定了不能控制的障碍（impediment）作为合同的免责事由。

一般而言，国际商事合同中的不可抗力条款秉承了合同法意思自治的基本原则。如果当事人在缔结合同时明确列举了不可抗力的具体范围是否包括新冠肺炎疫情，那么合同当事方应当按照约定优先适用。如果当事人未明确列举，应结合国际商事仲裁适用的准据法来判断国际商事合同中的不可抗力条款是否适用于“突发性公共卫生事件”。CISG 是国际商事合同可能适用的准据法之一。根据联合国国际贸易法委员会（United Nations Commission on International Trade Law，UNCITRAL）统计，截至 2016 年 5 月 31 日各国法院涉及 CISG 的案件数为 4500 起。其中，涉及 CISG 第 79 条的仅 30 多起，但仅 5 起案件的卖方成功获得履约豁免，且在这 5 起案件中没有与“突发性公共卫生事件”直接有关的案件；根据我国《民法典》第 180 条的规定，因不可抗力不能履行民事义务的，不承担民事责任。全国人大常委会法制工作委员会（以下简称全国人大常委会法工委）发言人表示，当前我国发生新冠肺炎疫情，为了保护公众健康，政府采取了相应的疫情防控措施。对于因此事件而不能履行合同的当事人来说，属于不能预见、不能避免并不能克服的不可抗力。

在分析新冠肺炎疫情不可抗力合同纠纷时，还要考虑事件与合同不履行之间的因果关系(causation)，如新冠肺炎疫情的发展阶段、新冠肺炎疫情影响的程度等。主张不可抗力的一方要承担举证责任。如果新冠肺炎疫情仅对合同的履行产生间接影响，或者带来履行的一些不便，则只能认定为交易活动的一般商业风险。但如果新冠肺炎疫情导致公司被政府实施隔离、关闭等强制措施，或是限于法律、法规的规定导致人员无法流通，以致不能履行合同，那么合同的不履行与新冠肺炎疫情间就存在直接的因果关系。在国际商事合同纠纷处理中，仲裁机构还要考虑，不履约一方是否存在商业上合理的替代履约手段，这需要具体情况具体分析。总之，国际商事合同当事方不能笼统地以新冠肺炎疫情事件为不可抗力而当然地认为其违约责任可以被免除。①

4. 网络仲裁

近年来，我国跨境电商贸易呈高速发展态势，在超大体量的跨境电商交易中，跨境电商商家与各类消费者的纠纷频现。相应地，跨境电商商家和消费者需要更加高效、快捷的争端解决服务，因而网络仲裁应运而生。②近年来，我国北京、上海、广州、深圳、杭州等电商业发达的城市均已建立起

---

① 参见龚柏华：《国际商事合同不可抗力条款对“新冠肺炎”疫情适用法律分析》，载《上海对外经贸大学学报》2020年第2期。

② 参见罗彪：《建立具有中国特色的国际商事仲裁体系刍议》，载《中国商论》2020年第2期。

网络仲裁院,并涌现出一些为当事人提供前期证据整合等服务的互联网仲裁公司。这些公司与仲裁机构开展广泛合作,把网络仲裁的发展推向了新高度。与传统的线下仲裁相比,网络仲裁审理快捷灵活,不仅仲裁期限得以缩短,而且仲裁程序不必囿于固定地点,从而节约了场地使用、交通差旅等成本。另外,文书可以采用电子送达方式并予以电子数据化保存。因此,网络仲裁非常适合解决远距离的跨国商事仲裁纠纷。

然而,由于目前我国网络仲裁机制比较单一,仅限于传统意义上的约束性仲裁,还存在诸多不能满足跨境电商纠纷仲裁需要的地方。首先是网络仲裁协议的效力问题。当事人之间存在有效的仲裁协议是仲裁的必备前提,我国《仲裁法》第 16 条规定,仲裁协议应当具备请求仲裁的意思表示、仲裁事项和选定的仲裁委员会。但是,发生跨境电商纠纷且愿意通过网络仲裁解决纠纷的当事人订立的仲裁协议往往无法满足我国《仲裁法》第 16 条规定的仲裁协议"三要素",从而导致仲裁协议被视为无效。因此,若要扩大网络仲裁在跨境纠纷解决中的应用,有学者建议应修订《仲裁法》,放松对跨境电商网上仲裁协议的效力要求。具体而言,应当明确当事人之间有仲裁意愿的仲裁协议即为有效的仲裁协议,并且赋予格式化的跨境电商电子仲裁协议法律效力。[①] 其次是电子送达的问题。在一些案件中,当事人双方签订的合同载明"涉仲裁纠纷相关材料均可以电子邮件或短信等形式发出,接收之日视为送达之日"的条款。但有法院认为,类似的

① 参见徐芳、黄子晴:《论非约束性网上仲裁机制在跨境电商消费纠纷解决中的适用》,载《时代经贸》2021 年第 4 期。

格式条款未对电子送达加以特别提示说明,不利于被执行人在签订协议时充分认识电子送达的含义,客观上也存在由于被执行人手机号码更换、电子邮箱弃用而未能收悉的情形,因而仲裁委员会未向双方当事人确认电子送达格式条款的内容,径行采用电子送达,无法充分保障被申请人基本程序权利。法院并不承认这些提请网络仲裁之前当事人双方签订的关于电子送达的格式条款的效力。然而有学者认为,既然双方当事人在仲裁前已就送达方式达成合意,双方对于包括格式条款在内的全部内容都知道或应当知道,故如果格式条款中的电子送达没有加以特别提示说明则不应作为一项抗辩理由。[①] 再次是网络仲裁的承认与执行的问题。仲裁地难以确定是影响网络仲裁裁决执行的重要原因。跨境网络仲裁程序往往涉及许多地点,如仲裁机构所在地、当事人和仲裁员所在地等,而当事人约定采用在线仲裁解决争议时也一般不会专门对仲裁地进行约定。这就导致我们难以确定网络仲裁的仲裁地,而某些仲裁程序需要依靠仲裁地所在法院的帮助,仲裁地的确认可能会对网络仲裁的保全甚至执行程序造成严重影响。[②]

5. 我国自贸区的临时仲裁制度

临时仲裁(ad hoc arbitration),是指争议当事方签订仲裁协议,约定将其争议交由临时组成的仲裁庭进行审理并就争议作出具有法律约束力的

① 参见谢愫:《从执行案件看网络仲裁的效力》,载《法制博览》2020 年第 32 期。

② 参见于文锦:《网络仲裁:"互联网 + "时代解决网络消费纠纷新模式》,载《西部学刊》2021 年第 10 期。

裁决的仲裁形式。与临时仲裁相对的是机构仲裁，即由常设的仲裁机构对案件进行审理和裁断。临时仲裁是机构仲裁出现之前当事方解决商事争议的主要方式，如今依旧是许多国家承认的纠纷解决形式。①

我国仲裁法在实践中采用双重标准，即国内商事仲裁中不认可临时仲裁，但依据相关公约和双边条约有限承认外国临时仲裁裁决和双边投资争端中的临时仲裁。然而随着我国"一带一路"建设的稳步推进，自贸区作为"一带一路"倡议的重要平台，有必要创新其区内的多元化纠纷解决机制。这使临时仲裁在自贸区的引入成为一个重要议题。为支持自贸区争议解决机制的创新，最高人民法院于2016年12月发布了《关于为自贸试验区建设提供司法保障的意见》（以下简称《提供司法保障意见》）。《提供司法保障意见》第9.3条突破了我国《仲裁法》第16条要求仲裁协议必须选定仲裁委员会的规定，要求各级法院认可自贸区企业之间约定在"特定地点"、按照"特定仲裁规则"并由"特定人员"仲裁的仲裁协议，因而在实质上承认了临时仲裁协议的有效性。为响应《提供司法保障意见》对自贸区临时仲裁的支持立场，并推动临时仲裁在自贸区的有效落实，广东自贸区横琴新区管委会和珠海仲裁委联合发布了我国的首部临时仲裁规则《横琴自由贸易试验区临时仲裁规则》（以下简称《横琴规则》）；随后，中国互联网仲裁联盟又发布了《中国互联网仲裁联盟临时仲裁与机构仲裁对接规则》（以下简称《联盟对接规则》），以期建立一种临时仲裁程序和裁决向机

① 参见汤霞：《临时仲裁制度在我国自贸区适用的困境与纾解》，载《国际经济法学刊》2020年第4期。

构仲裁程序和裁决转化的机制。这3份文件的出台反映了我国官方对自贸区临时仲裁立场的松动和民间对自贸区引入临时仲裁的积极态度。但从性质和内容来看,它们都不是官方的立法文件,且存在诸多瑕疵,无法形成体系完整且具有普适性的法律制度与规则体系,也不足以支撑临时仲裁在自贸区的有效落实。

因此,有学者为我国自贸区临时仲裁制度的完善提出了如下建议:(1)由国务院提请全国人大及其常委会,在自贸区内暂停适用《仲裁法》第16条、第18条中"选定的仲裁委员会"的规定,继而采用变通承认的方式认可临时仲裁在自贸试验区的合法性;(2)借鉴UNCITRAL《贸易法委员会仲裁规则》(以下简称《贸法会仲裁规则》)的机制和模式,并借鉴《香港国际仲裁中心仲裁规则》和《新加坡国际仲裁中心仲裁规则》等仲裁规则的经验,由商务部会同并委托中国国际商会(中国国际贸易促进委员会),制定立场中立且普遍适用于各自贸区的临时仲裁规则,从而遏制各自贸区所在地仲裁机构各自为政,竞相制定临时仲裁规则的可能趋势;(3)借鉴《国际商事仲裁示范法》(以下简称《仲裁示范法》)和境外仲裁法的合理经验,系统推进临时仲裁制度的植入。①

6."一带一路"倡议下国际商事仲裁的发展

由中国提出的"一带一路"倡议极大地推动了沿线国家的经贸投资合作。考虑到稳步增长的跨境交易量,"一带一路"的发展亟须一个稳健

① 参见李建忠:《临时仲裁的中国尝试:制度困境与现实路径——以中国自贸试验区为视角》,载《法治研究》2020年第2期。

可靠的法律框架来支持和促进区域内的经济融合。大多数投资者在解决纠纷时通常不信任他们并不熟悉的外国法院诉讼程序。此外,绝大多数"一带一路"沿线国家都以《仲裁示范法》和《纽约公约》为本国仲裁法的依托,各国的仲裁法律已具备高度协调性。这将使国际商事仲裁成为备受青睐、乃至于最理想和最主要的"一带一路"商事争议解决机制。[①] 2019年11月7日,由贸仲联合全球8家知名仲裁机构在北京举办首届"一带一路"仲裁机构高端圆桌论坛,围绕"一带一路"商事纠纷解决、仲裁机构间合作深入交换看法,并共同发表了《"一带一路"仲裁机构北京联合宣言》(以下简称《北京宣言》)。《北京宣言》认为,国际仲裁作为世界公认的、促进公平公正解决贸易投资纠纷的主要方式,在"一带一路"建设中将发挥不可替代的重要作用。仲裁机构间的区域化合作、全球化合作是大势所趋。随着仲裁活动参与方更加多元,传统、单一、保守的仲裁服务已不能满足时代发展的需求,创新、共享、合作才是国际仲裁的未来发展方向。各国应加快建立国际仲裁界更加紧密的合作关系,秉持开放、共享、服务的发展理念,共同探索仲裁、调解、诉讼等争议解决方式的各自优势与衔接协调,推动多元化争议解决在全球范围的推广适用。

基于这样的背景,有学者就我国国际商事仲裁未来的发展路径提出了如下几点建议:(1)推动仲裁制度向"尊重意思自治"方向发展。(2)进一

① 参见顾维遐、唐艺:《中国的"一带一路"发展和亚洲的国际商事仲裁融合》,载《国际法研究》2020年第1期。

步提升仲裁规则的效率和便捷性,为当事人提供高效快捷的服务。(3)通过签署国际条约、双边或者多边协议等方式,提升仲裁裁决的承认和执行的比例。(4)应当争取从法律上消除国内裁决审查的"双轨制",并确立仲裁地概念。[①] (5)提高仲裁员队伍素质,尽快遴选业务能力强、外语水平突出的优秀仲裁员,大力加强其与国外相关机构的交流、学习,使其成为"一带一路"国际仲裁中心的中坚力量;同时,切实加强后备队伍建设,在国内相关高校法学专业学生中有计划地培养"一带一路"国际仲裁业后备人才。(6)改变目前存在的各地一哄而起、重复建设各种国际仲裁机构的乱象,尽快整合构建统一权威的"一带一路"国际仲裁机制,建立真正符合国际标准的专业仲裁中心。[②]

(二)国外研究动态

2020年,国外关于国际商事仲裁的研究,一部分,是针对国际商事仲裁传统问题的研究,如保密性与透明度的冲突问题、公平正义原则;另一部分,是为应对国际商事仲裁领域的新问题而展开的新研究,如新冠肺炎疫情对国际商事仲裁程序的影响。值得一提的是,有一部分国外学者对中国的国际商事仲裁制度进行了深入研究。

---

① 参见杜泽卿:《"一带一路"倡议下我国国际商事仲裁发展路径探析》,载《哈尔滨学院学报》2020年第11期。

② 参见许传玺:《构建统一权威的"一带一路"国际仲裁机制》,载《学习时报》2020年1月22日,第2版。

1. 新冠肺炎疫情对国际商事仲裁的影响

2020 年,新冠肺炎疫情在全球蔓延。为防控新冠肺炎疫情,很多国家都实施了严格的防疫政策。这些疫情防控政策不仅改变了人们日常的工作和生活方式,也改变了国际商事仲裁的传统程序。一些外国学者开始关注新冠肺炎疫情给国际商事仲裁的仲裁程序带来的挑战,并思考相应的应对措施。具体而言,主要包括如下几个方面。

(1)远程听证可能是新冠肺炎疫情给国际仲裁带来的最大挑战。尽管许多仲裁机构在其规则中规定听证可以远程举行,而且许多仲裁庭曾经在仲裁的某个阶段也举行过远程线上听证,但全程线上听证几乎从未有过。有学者认为,线上听证最显著的 3 个缺点在于,律师可能无法有效辩护、交叉质证可能无法有效进行以及证人陈述可能不完整。为解决这些问题,学者们提出了一些建议,比如,在证人室安装两个摄像头以确保没有其他人在场并且便于观察证人的肢体语言,让证人和律师在同一地点进行交叉质证等。

由于线上听证存在上述缺点,还有学者认为,仲裁庭应根据具体情况来决定是举行线上听证还是推迟听证程序。该学者还就是否应该进行远程听证提出了分析框架,以及如何计划和组织远程听证。这些建议为当事人、律师和仲裁员提供了很好的指导。①

(2)在正在进行的仲裁程序中,一些仲裁庭收到了当事人因新冠肺炎

① See Maxi Scherer, *Remote Hearings in International Arbitration: An Analytical Framework*, Journal of International Arbitration, Vol. 37:4(2020).

疫情申请中止和延期仲裁程序的请求,例如,当事人因新冠肺炎疫情导致经济拮据或无法支付仲裁费用向仲裁庭申请中止仲裁程序,当事人因关键证人罹患新冠肺炎向仲裁庭提出中止和延期的请求等。学者认为,此类申请必须具备充分的理由,申请人必须清楚地解释新冠肺炎疫情是如何导致其不能遵守既定仲裁程序的。

(3)有些仲裁庭的规则规定,仲裁中的文件不能只进行电子存档。这迫使其中一名仲裁员把所有文件带回家,在家里存档,并雇用一名私人快递员将包裹转发给另一方。有学者认为,如果仲裁规则允许仲裁员通过线上共享文件平台电子归档,就可以减轻仲裁员的工作量。

面对新冠肺炎疫情对国际商事仲裁带来的挑战,一些知名的国际商事仲裁机构对仲裁规则作出了相应调整,并公布了调整后的规则指南。例如,国际投资争端解决中心(International Centre for Settlement of Investment Disputes,ICSID)和ICC仲裁院将电子存档作为仲裁申请和裁决后申请的默认方式。LCIA规定,参与仲裁的各方通过其在线系统或电子邮件提交仲裁请求,并要求仲裁员通过电子邮件提交裁决。[①]

2. 保密性与透明度问题

相较诉讼,国际商事仲裁的一大显著优势是具有保密性。但是近几年,国际上越来越多的学者呼吁应当提高国际商事仲裁的透明度,从而加强国际商事仲裁的有效性和可靠性。国际商事仲裁中的透明度,是指仲裁

① See María Solana Beserman Balco, *COVID-19 and New Ways of Doing Arbitration: Are they Here to Stay?*, Revista Brasileira de Arbitragem, Vol. 17:67(2020).

双方之间存在的争议、仲裁员的任命过程、潜在仲裁员的背景、仲裁庭对案件的处理以及最终的仲裁裁决等事项对公众的公开程度。

虽然目前学者们仍在争论是否应当提高国际商事仲裁的透明度,但在国际投资仲裁领域,透明度已经成为一项公认的要求。ICSID 在其 2019 年公布的有关修改其程序规则的建议的工作文件 3 中提出,除非投资仲裁当事方在 60 天内提出反对,否则将被视为同意公布完整的 ICSID 裁决。国际投资仲裁领域中透明度的不断增加,是为了回应国际投资仲裁案件中涉及公共利益的关切。但是,对于是否应当在国际商事仲裁中增加透明度这一问题,仲裁法学界的学者持有两种观点。比较传统的观点认为,国际商事仲裁应坚持保密性,不需要很透明。这些学者的依据是传统上涉及"公共利益"的事项,如消费者案件、健康和安全问题以及就业问题,很少在国际商事仲裁程序中出现。此外,坚持国际商事仲裁的保密性有利于减少披露对仲裁当事方带来的不利影响以及维持国际商事仲裁对潜在客户的吸引力。然而,另外一部分学者认为,应当增加国际商事仲裁的透明度,主要原因如下:①国际商事仲裁的保密性加剧了信息不对称,客户很难确定仲裁员和律师是否真的提供了物有所值的服务;[①]②尽管商事仲裁是私人纠纷,但商事仲裁的裁决结果也可能会对仲裁的非当事方产生影响,这些影响主要集中在商业确定性、未来潜在的诉讼当事人、公众信心等方面;③公共利益并不只适用于投资仲裁,商事仲裁也可能有所涉及。例如,商

① See Luke Nottage, *Confidentiality and Transparency in International Arbitration: Asia-Pacific Tensions and Expectations*, Asian International Arbitration Journal, Vol. 16:1(2020).

事仲裁中的两个私人当事方或跨国公司之间的赔偿要求可能侵犯人权或违法环境保护义务。①

3. 公平正义原则(Ex Aequo et Bono)

"ExAequo et Bono"的意思是"正义和公平"的司法或仲裁决策,或根据"公平和良心"的考虑,而不是预先确定的规范。② 毋庸置疑,国际商事仲裁的仲裁员应依据合同条款、准据法和惯例行使裁量权。但是,有学者认为,当依据这些强行性法律规则不能产生公平和公正的结果时,仲裁员应诉诸他们对什么是公平和良知的主观看法。仲裁员的这种对公平正义的主观看法是在强制性法律规则的范围内识别各方意图并最终填补法律空白。

支持仲裁员通过对公平正义的主观看法来填补国际商事仲裁法律空白的学者认为,这种做法既可以有效应对快速变化发展的现实世界,又可以提供一种应对国际商事仲裁过度司法化的方法。此外,为了防止仲裁员主观观点的不确定性,这些学者探讨了保证仲裁员提出有效的公平正义主观观点的机制,并分析了国际商事仲裁员所共有的价值观。学者基于当事人意思自治和仲裁地的不同层次,提出了单一本地化理论(假定仲裁是仲裁地的国家秩序的组成部分)、多元理论(假定仲裁扎根于多个国家的法

---

① See Srishti Kumar, Raghvendra Pratap Singh, *Transparency and Confidentiality in International Commercial Arbitration*, The International Journal of Arbitration, Vol. 86:2(2020).

② Giulio Palermo, Panagiotis Kyriakou, Leveraging the Standard of Ex Aequo et Bono to Increase Diversity, Flexibility and Efficiency: Insights from the Basketball Arbitral Tribunal, ASA Bulletin, Vol. 38:4(2020).

律秩序中)和跨国理论(假定仲裁是一个自治和独立的法律秩序)。仲裁员将基于上述一种理论或几种理论的组合来作出仲裁裁决。从这些仲裁理论(或价值)中产生且被国际商事仲裁员认可的规范可能部分体现了仲裁员的公正感和良知。因此,单一地方主义者会辩称,公平源自仲裁地的法律秩序;多元论者将主张,公平应基于仲裁地的法律制度和当事一方最有可能寻求执行仲裁裁决的司法管辖区的法律制度;跨国主义者认为,公平来自自治的仲裁法律秩序。①

4. 中国国际仲裁的未来与发展

"一带一路"倡议极大地推动了沿线国家的经贸往来和发展,相应地,中国的国际仲裁事业也保持高速发展的势头。值得一提的是,外国的学者们对"一带一路"争端解决机制的发展展开了一定的研究。有学者认为,"一带一路"争端解决机制在解决私主体之间的国际商事纠纷中发挥了重要作用。有学者提到,在 2018 年最高人民法院《关于设立国际商事法庭若干问题的规定》的指导下,最高人民法院分别在深圳、西安成立了国际商事法庭。有学者认为,国际商事法庭结合了法院程序和仲裁程序在解决国际商事争端中的优点,目前在全世界范围内非常流行。最高人民法院内设的国际商事法庭旨在为国际商事纠纷提供一个高效、低成本和公平的解决机制,将在"一带一路"争端解决中发挥重要作用。此外,国外学者还提到了国际商事法庭的管辖权可基于"国际商事事项"这一宽泛的标准设立,并

① Nobumichi Teramura, *Ex Aequo et Bono and Arbitration Theories: An Arbitrator's Subjective Perspective of Fairness as the Final "Gap-Filler"*, ASA Bulletin, Vol. 38:2(2020).

且国际商事法庭对中国《民事诉讼法》“必须委托中华人民共和国的律师”这一规定作出了一定的突破,任命了部分非中国籍的最高人民法院国际商事专家委员。[1]

① Lutz-Christian Wolff, *Legal Responses to China's 'Belt and Road' Initiative: Necessary, Possible or Pointless Exercise?*, Journal Transnational Law & Contemporary Legal Problems Vol. 29, issue 2, p. 249－325(2020).

第二章　新冠肺炎疫情下国际商事仲裁发展与实践

一、新冠肺炎疫情下的国际商事仲裁实践概述

突如其来的新冠肺炎疫情（COVID－19）对人类的生产、生活造成了巨大影响：新冠肺炎疫情的肆虐不仅对人类健康和正常生活造成威胁，与此同时，各国为应对新冠肺炎疫情采取的种种抗疫管制措施也对各行各业的正常运转造成了重大打击。国际货币基金组织（International Monetary Fund，IMF）也指出，新冠肺炎疫情引发的各种危急情况已经演变成为全球性的经济衰退。①

国际经济活动中首当其冲受到新冠肺炎疫情影响的便是各国众多企业的日常经营。各国政府采取的抗疫管制措施导致人员隔离、项目搁置、物流中断等情况，这使众多企业的日常经营活动受到限制。随着各项防疫管制措施效果的传导，众多企业的生产能力受限、现金流压力骤然增加，导致企业们无法履行合同项下的约定义务。在国际商事仲裁中，新冠肺炎疫

① See IMF, *World Economic Outlook*, *October* 2020：*A Long and Difficult Ascent*, IMF, https://www.imf.org/en/Publications/WEO/Issues/2020/09/30/world-economic-outlook-october－2020.

情的影响也有明显体现。一方面,在新冠肺炎疫情的重压之下,各种行业中的大量企业纷纷出现违约,其中不乏以不可抗力或合同履行受阻等理由作为抗辩依据的案例。在国内外的仲裁机构审理的仲裁案件中,不同的仲裁庭也因此就新冠肺炎疫情作为不可抗力或合同履行受阻的抗辩在实体法层面给予回应和评价,进一步发展了相关法律问题的识别和法律规则的适用。另一方面,新冠肺炎疫情管控措施亦使国内外的仲裁机构无法正常通过传统的现场开庭程序来安排仲裁案件的庭审,为在疫情持续的状态下继续解决商事争议,各仲裁机构纷纷采用基于远程网络技术的线上仲裁程序,其中出现的各种程序性问题亦值得充分关注。

根据各大仲裁机构发布的2020年仲裁统计数据可以看出,尽管新冠肺炎疫情对现场庭审产生了影响,但是大多数仲裁机构新受理的案件数量以及争议金额却比往年有所增加。可见,即使在新冠肺炎疫情肆虐之下,当事人对于仲裁争议解决服务仍然具有强烈的需求,甚至有更大的需求。这些统计数据也显示出,新冠肺炎疫情期间大多数的仲裁机构都在努力保持正常运转,基本实现了从传统线下开庭向线上庭审的转变,同时避免因程序拖延导致的仲裁成本攀升。2020年,以贸仲为代表的我国各大知名国际商事仲裁争议解决服务机构新受理案件的数量大幅增加,在国际商事仲裁活动中的影响力不断凸显。

贸仲作为中国国内顶级的商事仲裁争议解决服务机构,2020年新受理案件数量具有较大幅度的增加。贸仲2020年新受理案件共计3615件,同比增长8.5%。根据贸仲发布的报告,其2020年受理案件的争议总额达人民币1121.3亿元(大约173亿美元),同比增加34%。另外,2020年贸仲受理的涉外案件数量亦出现较大幅度的增长,总计739件,同比增长20%。新受理的涉外案件中,双方当事人均为境外当事人的案件占67件,达到历年最高。在线上争议解决方面,为应对新冠肺炎疫情的影响,贸仲也建立了网上庭审中心,网上立案819件,同比增加628件。①

2020年HKIAC打破了自身多项纪录。2020年HKIAC新受理318件仲裁案件,创下10多年来的最高纪录。同时,2020年HKIAC新受理的仲裁案件总金额为688亿港元(约88亿美元),也创下了自2011年以来的最高纪录。关于中国内地与中国香港特别行政区的司法互助方面,2020年HKIAC处理了22个基于2019年10月生效的《关于内地与香港特别行政区法院就仲裁程序相互协助保全的安排》当事人向内地法院提出的保全申请(包括证据保全、财产保全、行为保全),申请保全的总金额约为人民币64亿元(约合9.88亿美元),其中,中国内地法院批准的保全申请的总金额为人民币44亿元(约6.833亿美元)。这说明,中国内地与香港特别行政区之间的仲裁程序中相互协助保全已有迅猛发展。2020年HKIAC也更广泛地应用线上审理。根据数据显示,2020年HKIAC进行的117次庭审中有80次完全或部分在线进行,仅有37次庭审在线下进行。②

---

① 参见中国国际经济与贸易仲裁委员会:《统计数据》,载中国国际经济与贸易仲裁委员会官网,http://www.cietac.org.cn/index.php? m=Page&a=index&id=24,最后访问日期:2021年4月8日。

② 参见《关于HKIAC:统计数据》,载HKIAC官网,https://www.hkiac.org/zh-hans/about-us/statistics,最后访问日期:2021年4月8日。

2020年SIAC的受案量突破了其往年的受案量纪录。SIAC公布的数据显示,2020年SIAC共计受理仲裁案件1080件,首次突破1000件大关。这些案件的标的总额达到了84.9亿美元(合112.5亿新币),较2019年增长了4.9%。[①]

ICC也宣布,其在2020年的受案量再创新高。2020年ICC新受理案件共计946件,为2016年以来的最高纪录。其中,929件是ICC管理的机构仲裁案件,其余17件是ICC担任指定机构的临时仲裁案件。[②]

LCIA公布的统计数据显示,2020年由LCIA受理的仲裁案件数量为444件,相较2019年增加了10%。[③]

瑞士商会仲裁院(Swiss Chambers' Arbitration Institution,SCAI)2020年新受理83起仲裁案件,其中61件为国际仲裁案件。尽管2020年SCAI的新受理案件数量并非近几年的最高纪录,但2020年仍保持了过去10年的平均增长趋势。[④]

根据这些知名仲裁机构公布的数据,可以看到,各国仲裁机构2020年

---

① 参见SIAC:《SIAC Sets a New Record in 2020》,载微信公众号"新加坡国际仲裁中心上海代表处"2021年4月1日,https://mp.weixin.qq.com/s/2ZKk9cfaVcvOYuWtUbkjAg。

② See New · Paris: *ICC announces record 2020 caseloads in Arbitration and ADR*, ICC (Jan. 12, 2021), https://iccwbo.org/media-wall/news-speeches/icc-announces-record-2020-caseloads-in-arbitration-and-adr/.

③ See *Record number of LCIA Cases in 2020*, LCIA (Jan. 20, 2021), https://www.lcia.org/News/record-number-of-lcia-cases-in-2020.aspx.

④ See Simon Chapman et al., *Rise In Arbitration Cases In 2020 Despite Reduced Volume Of In Person Hearings Due To Coronavirus Pandemic*, Herbert Smith Freehills, https://hsfnotes.com/arbitration/2021/03/03/rise-in-arbitration-cases-in-2020-despite-reduced-volume-of-in-person-hearings-due-to-coronavirus-pandemic/.

新受理案件数量和案件争议总金额在总体上均有所增加,其中许多仲裁机构甚至打破了以往纪录。这表明在过去一年中,尽管面对恶劣的客观环境,商事仲裁凭借其灵活高效的特点成为全球危机下进行商事争议解决的有效途径。新冠肺炎疫情对商事仲裁带来的另一个显著影响是,主要的庭审方式已经从线下转为线上。如何保证在线上开庭场景下高质量地完成庭审工作,同时保证仲裁当事人的权利不受减损,已经成为业界人士共同关注的热门话题。

二、新冠肺炎疫情引起的国际商事争议

新冠肺炎疫情的肆虐几乎给所有的国家、社会、行业以及部门带来了风险。在这种情况下,许多企业面对高昂的经营成本与日渐微薄的利润而被迫选择违约以应对新冠肺炎疫情危机。基于这一背景,首先,本节内容将从若干重要经济部门为切入点,从行业发展以及法律实践的角度对新冠肺炎疫情的影响进行分析;其次,本节内容将聚焦于国际商事活动中企业的违约行为,针对具体新冠肺炎疫情与政府防疫措施的性质、不可抗力/情势变更与新冠肺炎疫情的关系,以及对英美法项下合同履行受阻的相关理论与实践进行分析介绍。

(一)新冠肺炎疫情与重点行业分析

1. 国际贸易领域

受到新冠肺炎疫情最直接冲击的就是国际贸易,例如,素有中国外贸“晴雨表”之称的中国进出口商品交易会(以下简称广交会)在新冠肺炎疫

情的影响下不得不延期。广东省商务厅表示,考虑目前全球新冠肺炎疫情发展态势,2020 年度的春季广交会将不再举办。作为外贸大省,广东省在此次外贸危机中首当其冲。2020 年 1～2 月广东省外贸出口同比下降 17.5%。[①] 同为外贸大省的浙江省的出口额也明显下降,2020 年浙江省 1～4 月全省进出口总值 8704.6 亿元,同比下降 3.6%,其中出口总值 6169.6 亿元,下降 6.8%,进口总值 2535.0 亿元,增长 5.1%。[②]

新冠肺炎疫情直接导致许多外贸企业不得不迟延履行合同或拒绝履行合同。这使仲裁机构新受理案件中国际贸易类争议的比例大大增加。新冠肺炎疫情引起的国际货物买卖履约障碍通常是由于以下的原因。

对卖方来说,履约障碍通常是供应链断裂所造成的。具体而言,国际贸易活动一般由买卖双方之间的交易作为主要组成部分,其他安排均围绕进出口买卖形成。在通常模式下,买卖双方通过协商谈判订立买卖合同后,卖方会根据买方所需,向上游供应链寻求供给,卖方可以从下游供应链购买原材料(包括产品包装、设计等),自己加工制成买方所需成品,也可以作为中间商向具体生产买方所需物品的企业寻求订货。如果卖方属于第一种情况即采购所需原料自己进行加工制作,那么卖方则需要维持自身生产活动的持续运作,直至买方所需货物被制作完毕。当货物被生产出来

① 参见广东广州海关:《本关统计:统计数据》,载中华人民共和国广州海关官网,http://guangzhou.customs.gov.cn/eportal/ui?pageId=381573&currentPage=9&moduleId=57c3be637b8f4a93a14aed08342a8a71&staticRequest=yes,最后访问日期:2021 年 4 月 8 日。

② 参见《2020 年 1－4 月浙江省十一地市进出口统计表》,载中华人民共和国杭州海关官网,http://hangzhou.customs.gov.cn/eportal/fileDir/hangzhou_customs/resource/cms/article/575612/3086024/2020052716151657908.xls。

后，卖方将安排运输事宜，包括与具体的承运人签订合同、办理出口手续等，最后由承运人将货物交付给买方。上述过程看似简单，其实在具体实践中非常复杂——采购、加工、制作可能涉及层层分包，也要保障所需材料与设备的充分供给，运输过程也可能涉及诸多转运环节等。在国际贸易中，新冠肺炎疫情会对上述所有环节带来影响，任何一环的断裂都可能危及买卖双方签订的买卖合同这一核心内容。如果卖方扮演的是中间商的角色，那么卖方必须确保其最终供应商能妥当履约，从而自身才能避免发生违约情形。

供应链断裂通常会造成卖方因原材料供应障碍、劳动力缺乏、运输交付障碍 3 个主要原因而迟延交付货物或无法交付货物：

第一，新冠肺炎疫情会对卖方的上游供应链产生影响，进而影响卖方的制作或生产。卖方通常需要从上游供应链采购所需原材料，然后以原材料生产买方在合同下购买的货物。如果卖方的上游供应链受到新冠肺炎疫情影响进而无法如期向卖方供给原材料，则卖方向买方交付货物的期限会受到影响。卖方有可能因此被迫寻求其他成本更高的渠道采购原材料，造成总成本的上升。这时卖方可能希望与买方协商而提高合同价格，如果双方无法订立新的交易条件，则卖方可能拒绝交货，最终导致纠纷产生。

第二，新冠肺炎疫情会对卖方自身的生产经营造成影响。因新冠肺炎疫情而引起的政府防疫措施很可能使卖方的雇员被隔离在居所，或者造成卖方需要依规而导致中止生产经营。在这种情况下，卖方将无法按照合同约定的期限向买方交付货物。

第三，新冠肺炎疫情会对物流运输产生影响。国际贸易活动常常会涉及多方承运人分段完成货物运输,如果其中任何一段运输出现障碍,后续阶段也将难以推进。在交易大宗货物买卖而需要租用船只的情形下,如果新冠肺炎疫情影响造成船东或二船东无法按期交付船只,则买卖合同的当事人需要寻求替代船只,而这通常意味着运输成本将大幅增加。

从买方的角度来看,买方可能由于运输障碍或缺乏下游市场而拒绝支付价款:

第一,新冠肺炎疫情很可能对买方所在国家造成较大困扰,进而政府决定停止进口贸易活动,或者对于运输载体进行停运隔离等。在这种情况下,买方无法按时收到货物,进而可能寻求国内其他供应商的供给。

第二,新冠肺炎疫情会对买方资金链或现金流产生压力,即买方由于缺乏下游市场,无法销售货物,进而收入减少,产生现金流压力。当新冠肺炎疫情导致买方现金流出现断裂或有较大压力时,买方可能会选择拒绝履行给付价款的义务。

2. 建设工程领域

不同于其他行业,建设工程本身具有敏感性与脆弱性,难以抵抗新冠肺炎疫情的影响。这种敏感性与脆弱性主要源于建设工程本身的复杂性。一般情况下,一项建设工程常常涉及多方主体,例如,项目业主、开发商、总承包方、分承包方以及工程所需材料的供应商、运输商等。众多主体以及繁复的工作量要求建设项目作为一个系统性工程,每一环节均要保持正常运转,稍有拖延或差池则整个工程进度即将可能面临中断的风险。建设工程的标的物由各种细小的零件与材料组合而成,需要从多方进行大量采购;此外,还需要多方劳动力与建设人员的参与。然而,为应对新冠肺炎疫情,政府出台了包括交通管制、项目停工、人员隔离等一系列管控措施,这使人力资源与物料出现短缺,并导致各项建设工程纷纷中断。

直至2020年2月,[1]国内的建设工程才逐渐复工,并且在施工全程中全员均需佩戴口罩、保持间隔等,来自风险地区的人员仍然无法按时返回工程现场参与复工,身处国外的人员更是如此。

在欧洲,意大利、法国、西班牙等新冠肺炎疫情传播较严重的国家亦较早地叫停了大部分建设工程项目,除必要的市政工程以及国防工程仍在施工外,其他的建设工程项目直到2020年5月才逐渐复工。中东与拉美的情况大抵也是如此。

新冠肺炎疫情对世界各地的建设工程项目均造成了不同程度的延误和中断,最终导致参与建设工程项目的各方主体的现金流压力不断增加。通常而言,建设工程开发商给承包商付款的条件是建设工程项目达到某一节点或完成了某项工作。因此,工程进度的拖延使付款节点迟迟无法达到,因此总包方无法获得开发商的付款,进而影响了分包方与物料供应商的现金流情况。同时,因新冠肺炎疫情中止的施工使施工成本不断上升——物料与现有工程的维护、人员费用、防疫措施等事项均需要投入较大成本。进而,财务压力以及经营状况的恶化可能使受影响主体的股东、雇员、债权人、担保人等多方主体受到影响,进而出现引发系统性违约的风

① 参见孙丽朝、路炳阳:《基建项目加速复工 2020年基建投资将高位运行》,载中国经营网2020年2月17日,http://www.cb.com.cn/index/show/zj/cv/cv13478491269。

险。可以预见,由于新冠肺炎疫情导致的建设工程领域的国际商事仲裁案件将在未来几年呈明显增长的趋势。

新冠肺炎疫情给建设工程纠纷国际仲裁活动带来了很多改变。国际建设工程的仲裁案件不仅涉及多方当事人、多份合同以及众多技术性问题,还涉及大量的案件材料或文件——项目进度报告、各项工程的时间表、各种物料的统计表、采购记录表、会议纪要、施工图纸、各种测量统计数据以及多方之间沟通的信件等。因此,国际建设工程仲裁案件通常具有4个显著的特点:第一,事实与技术问题十分复杂;第二,涉及巨量的证据材料;第三,涉及多方当事人甚至多个平行案件;第四,纠纷标的金额巨大。这些特点对新冠肺炎疫情下的仲裁活动提出了更加严格的要求,例如,在证据提交的环节,文件传输链接以及仲裁机构的服务器应当保持稳定以接受大量的案件证据;在庭审环节,整场庭审视频会议的连接必须保持稳定,尤其是当涉及多方主体或多个证人分别位于不同地区时,仲裁庭如何维持线上庭审的有效秩序以及高效地针对不同争议焦点组织当事人发表意见并对证人进行交叉盘问亦是仲裁庭需面对的重要问题;在庭审中,如何方便仲裁庭快速地查阅案件材料,节约查找材料所花费的时间;以及如果证人或当事人所使用语言并非仲裁语言,可能还需要将其翻译人员连接至会议室中。

3. 航空领域

各国政府为应对新冠肺炎疫情而实施的关闭国门、暂停或减少航班的措施使航空业受到巨大损失。根据国际航空运输协会(The International Air Transport Association, IATA)的统计,截至2020年4月,全世界的航班数量减少了70%，且截至2020年年底，整个航空产业的负债从1200亿美元陡然扩大至5500亿美元。[①] 受到新冠肺炎疫情影响最严重的航空产业位于北美、欧洲和亚太地区，国际民用航空组织表示，新冠肺炎疫情在全世界范围内大约给航空产业增加了约1950亿美元至2550亿美元的成本。新冠肺炎疫情对于航空产业的影响大致分布在以下两个方面：

第一，新冠肺炎疫情导致航班需求锐减。统计数字显示，与同期相比，2020年4月的乘客需求减少了98.4%。[②] 没有乘客就意味着没有市场和营收，且大量民用飞机及其基础设施的停摆意味着维护成本的提高。另外，根据IATA的统计，截至2020年4月，共有价值350亿美元的机票待退款。

第二，用工成本、燃油成本以及运营成本的增加。用工成本在民用航空产业的全部成本中占据显著比例。为了应对新冠肺炎疫情的影响，航空公司不得不呼吁员工自愿降薪甚至免费劳动，以此降低用工成本。2019年燃油成本占据总成本的23.7%，尽管2020年3月国际燃油价格暴跌，但全球航空产业仍有将近46.5亿美元损失于对冲交易之中。

事实上，全世界大约40%的商用飞机均系航空公司从专门航空器租赁公司或银行租赁而来的，飞机并非全部属于航空公司。航空器融资租赁协议中通常会载明"排除万难"条款（"hell or high water" provisions），即要求租赁方无论处于任何情况必须按月支付租金，并且融资租赁协议中一般

---

① See Alexandre de Juniac, *Annual Review* 2020, IATA (Nov. 2020), https://www.iata.org/contentassets/c81222d96c9a4e0bb4ff6ced0126f0bb/iata-annual-review-2020.pdf.

② Ibid.

不会约定不可抗力条款。① 因此当新冠肺炎疫情出现后,许多作为承租方的航空公司对航空器租赁合同直接选择违约。除航空公司外,商用飞机的制造商也面临重新安排交付时间、改变已加入制造计划的飞机的型号甚至取消订单的困境。

4. 金融领域

新冠肺炎疫情给金融领域带来的最重要影响,就是改变了各国自2008年国际金融危机以来树立起来的削减财政赤字与保守财政政策的指导性原则。为了应对新冠肺炎疫情带来的萧条,各国开始向诸多行业大规模动用公共财政或政府借贷。新冠肺炎疫情的确是一场公众健康的危机,但对于经济发展同样也是一场危机。新冠肺炎疫情带来的经济影响类似"多米诺骨牌效应"——首先,是旅游业、休闲产业、汽车行业、旅馆行业等直接受到了冲击,紧接着航空业的需求也大幅下降,进而影响能源行业。其次,在实体经济遭受挫折之后,金融业的危机才逐渐显现——政府第一件要做的事情就是在公共卫生与医疗领域增加投入和预算,并为各行各业的失业人口提供补助,然后尽可能地帮助各行各业维持生存;私营经济部门要通过银行等金融机构增加借贷,违约的频频发生使保险公司的压力也逐渐增加,营业状况的恶化使有些债务不得不违约,金融机构的资金链很可能就此折断。

新冠肺炎疫情下金融行业的违约可能会导致系统性流动风险,因此快

---

① Johnny Champion et al. ,*International Arbitration and the COVID - 19 Revolution*, p. 251 - 265(2020).

速解决争议对于金融行业来说至关重要。对此,仲裁成为金融行业最佳的争议解决模式——当新冠肺炎疫情对法院等司法系统的办公效率产生负面影响时,商事仲裁特有的灵活、高效等特点显现出其效率优势。另外,仲裁活动的保密性也为金融行业所青睐。

由于缺乏对司法资源的统一调配,发达国家所面临的金融风险与争议在短时间并不能得以有效地管理与解决。但是,某些国家的司法机构和仲裁机构已经开始着手对金融案件进行分类梳理,特别是大型金融机构(如银行、保险公司、信托等)所面临的争议案件。[①] 这些案件往往涉及的争议标的额巨大,相关利益主体也更关键,对于整个国家的经济稳定都会产生不可小觑的影响。因此,这些案件将被作为法院与仲裁机构的第一要务。另外,由于纠纷数量繁多,并且违约方的现金流确实已经断裂,仲裁机构、监管部门以及当事人不得不采用更高效的争议解决方式——多元化争议解决——来补充传统仲裁程序所提供的争议解决工具包,采用调解、谈判、斡旋等方式,以尽可能地挽回损失。

(二)新冠肺炎疫情与国际商事合同的履行

如上文所述,新冠肺炎疫情的暴发已经成为全球瞩目的公共卫生事件,给许多行业、众多企业的生产经营带来了巨大冲击,导致其无法履行相关合同义务。因此,许多企业希望通过合同中的不可抗力条款或法律之下的不可抗力规定来减免迟延履行或无法履行合同所带来的违约责任。在

① Philippa Charles, *Chapter* 16: *Finance Disputes and a Pandemic*: *The Eye of a Perfect Storm*?, Journal of International Arbitration, Vol: 37, p. 309 – 339 (2020).

国内法的层面,全国人大法工委明确表示新冠肺炎疫情可以构成不可抗力,①这为国内当事人之间因新冠肺炎疫情导致的违约争议的解决提供了指引。然而在国际商事仲裁的实践中,新冠肺炎疫情的性质以及不可抗力的认定仍然存在不同的规则与复杂的评价标准。

在国际仲裁层面,由于不可抗力的认定在不同法律规范中存在不同的规则与评判标准,因此应当先确定合同的准据法,然后再讨论不可抗力、合同履行以及违约责任等问题。下文将对中国法项下的不可抗力与国际商事仲裁中的其他有关不可抗力的法律规范进行分析。

1. 中国法律中的不可抗力和情势变更

我国《民法典》第 180 条规定:"因不可抗力不能履行民事义务的,不承担民事责任。法律另有规定的,依照其规定。不可抗力是不能预见、不能避免且不能克服的客观情况。"第 563 条规定:"有下列情形之一的,当事人可以解除合同:(一)因不可抗力致使不能实现合同目的……"第 590 条规定:"当事人一方因不可抗力不能履行合同的,根据不可抗力的影响,部分或者全部免除责任,但是法律另有规定的除外。因不可抗力不能履行合同的,应当及时通知对方,以减轻可能给对方造成的损失,并应当在合理期限内提供证明。"

我国《民法典》第 533 条规定:"合同成立后,合同的基础条件发生了

---

① 参见张绵绵:《公众关心的疫情防控相关法律问题,法工委权威解答来了!》,载全国人大网 2020 年 2 月 10 日,http://www.npc.gov.cn/npc/c30834/202002/23100ec6c65145eda26ad6dc288ff9c9.shtml。

当事人在订立合同时无法预见的、不属于商业风险的重大变化，继续履行合同对于当事人一方明显不公平的，受不利影响的当事人可以与对方重新协商；在合理期限内协商不成的，当事人可以请求人民法院或者仲裁机构变更或者解除合同。人民法院或者仲裁机构应当结合案件的实际情况，根据公平原则变更或者解除合同。”

最高人民法院也针对新冠肺炎疫情发布多个指导意见，其中《关于依法妥善审理涉新冠肺炎疫情民事案件若干问题的指导意见（一）》规定："依法妥善审理合同纠纷案件。受疫情或者疫情防控措施直接影响而产生的合同纠纷案件，除当事人另有约定外，在适用法律时，应当综合考量疫情对不同地区、不同行业、不同案件的影响，准确把握疫情或者疫情防控措施与合同不能履行之间的因果关系和原因力大小，按照以下规则处理：（一）疫情或者疫情防控措施直接导致合同不能履行的，依法适用不可抗力的规定，根据疫情或者疫情防控措施的影响程度部分或者全部免除责任。当事人对于合同不能履行或者损失扩大有可归责事由的，应当依法承担相应责任。因疫情或者疫情防控措施不能履行合同义务，当事人主张其尽到及时通知义务的，应当承担相应举证责任。（二）疫情或者疫情防控措施仅导致合同履行困难的，当事人可以重新协商；能够继续履行的，人民法院应当切实加强调解工作，积极引导当事人继续履行。当事人以合同履行困难为由请求解除合同的，人民法院不予支持。继续履行合同对于一方当事人明显不公平，其请求变更合同履行期限、履行方式、价款数额等的，人民法院应当结合案件实际情况决定是否予以支持。合同依法变更后，当事人仍然主张部分或者全部免除责任的,人民法院不予支持。因疫情或者疫情防控措施导致合同目的不能实现,当事人请求解除合同的,人民法院应予支持。”

我们平时所称“因不可抗力而对违约免责”,应当被准确地称作“因不可抗力而不能履行合同,而对违约免责”。而“不可抗力抗辩”实际包括4个要件。前3个是不可抗力事件本身的3个构成要件,分别为“不能预见”“不能避免”以及“不能克服”。第4个是违约一方自身遭遇的“不能履行合同”的情形。“不可抗力”的第3个构成要件“不能克服”中“不能克服”的阻碍并不必然等同于违约一方“不能履行合同”的阻碍。在现实中,二者时常指向同一障碍事件,例如,政府因新冠肺炎疫情而实施的港口管控是不可抗力事件,此时当事人因港口管控这一不可抗力事件而无法履行海运合同,这两种阻碍常常被视为同一个事件,即新冠肺炎疫情导致当事人无法履行合同。但是也有当事人在不可抗力抗辩之下的两种障碍并不相同的情形,例如,政府因新冠肺炎疫情而实施的港口管控是不可抗力事件,而当事人因港口管控而无法从海外供应商处采购产品,进而对国内下游买方无法履行交货义务。此处的港口管控与当事人无法履行其与下游买方之间买卖合同的原因并不是同一事件,前者是政府行为,而后者是当事人无法获得产品而无法向下游买方交货,二者之间缺乏直接的因果关系。

而对于当事人以情势变更提出的抗辩,其与“因不可抗力无法履行合同”抗辩的共同点,是二者都存在“无法预见”的障碍;但区别是,出现情势变更情形时合同并非无法履行,而是继续履行将面临巨大困难并对该履约方明显不公平。《民法典》第533条对此有明确的定义。

本书分析了贸仲提供的已经过消密处理的过去5年144件涉及不可抗力、情势变更争议的仲裁裁决,并结合了其他公开的司法裁判。通过归纳总结,可以总结出合同违约方以新冠肺炎疫情或类似情况作为抗辩理由而主张违约免责时的一些注意事项。

第一,违约方在抗辩时应当明确区分其抗辩应当被定性为"不可抗力导致不能履行合同"还是"情势变更"。

此二者最大的区别是,前者为"不能履行合同",后者是"可以履行合同,但履行合同将面临巨大困难并对该履约方明显不公平"。如果违约方未履行合同的原因是履行成本过高(如采购替代货物的成本过高)而非完全不能履行,则当仲裁庭用中国法审理买卖合同纠纷时,当事人应当明确其抗辩为情势变更而非"不可抗力导致不能履行合同",否则其主张可能难以得到支持。

第二,违约方应当证明不能履行合同与当事人遭遇的不可抗力事件或情势变更事件必须存在足够的因果关系。

违约方的履约必须实际受到不可抗力事件或情势变更事件的不利影响。如果违约方主张不可抗力抗辩,而实际情况是违约发生的时间在影响履约的管控措施被取消之后,则裁判者有较大可能性认为违约与新冠肺炎疫情之间没有因果关系而不采纳该抗辩。相反,如果在不可抗力事件或情势变更事件出现之前已经发生违约,则违约方援引不可抗力或情势变更作为抗辩则有较大概率不被采纳。

需要区分商业风险、不可抗力事件与情势变更事件。如果作为买方的违约方未依约支付货款,并主张未支付货款的原因是新冠肺炎疫情导致整体行业衰退、进而导致买方经营困难而无力支付货款,则裁判者有较高可能性认为买方经营困难属于商业风险,进而认定与疫情并未达到足够的因果关系,最终不采纳买方的抗辩。

违约方需要证明未履行合同的原因包括无法补救或虽经实际采取补救措施然而仍无法履约。如果出现违约时,实际有补救措施可供采取而使合同可以得以履行,此时违约方提出的"不可抗力导致不能履行合同"则有较高概率无法获得支持。

第三,在出现不可抗力或情势变更事件导致合同履行受阻时,违约方应及时向另一方发出无法履约的通知。

包括中国法在内的各个主流法域法律、CISG 均要求违约方在遭遇不可抗力或情势变更事件时应及时向对方发出通知,否则不得事后主张不可抗力或情势变更抗辩。结合"合同当事人必须及时补救"的原则,通常只有违约方及时将合同履行受阻的情况通知对方后,合同才能通过双方协力而得以补救。也只有通过双方充分及时的沟通,双方才有可能对补救方式达成一致意见、以确定违约方采取的补救措施是否符合双方之间的合同目的。如果守约方接受违约方提议的补救措施,则合同有机会得到实际补救(如推迟交货、变更交付地点、变更价格等)而避免纠纷。如果守约方不接受违约方提议的补救措施,则违约方有机会依据"本合同无法补救"进而主张其有权依据不可抗力或情势变更而对违约免责。

在中国法院公开的裁判文书中,包含法院对不可抗力或情势变更抗辩有详细讨论的案件的裁判文书数量并不多,其中,法院支持不可抗力或情势变更抗辩的案例更是少之又少。中国法院对不可抗力或情势变更与合同的履行不能之间是否存在因果关系的认定较审慎,采用较严格的认定标准。因为,若当事人可以滥用此类抗辩而轻易免除违约责任,显然与信守合同的基本原则相违背。因此,当事人在具体案件中应当充分、全面地证明因果关系。

我国全国人大法制工作委员会发布的说明,将新冠肺炎疫情定义为不可抗力事件。2020 年 2 月 10 日,全国人大常委会法工委发言人臧铁伟表示,新冠肺炎疫情这一突发公共卫生事件属于不能预见、不能避免的不可抗力。① 此外,最高人民法院和各地各级人民法院为解决因新冠肺炎疫情所带来的法律纠纷提供了相应指引,例如,最高人民法院发布的《关于依法妥善审理涉新冠肺炎疫情民事案件若干问题的指导意见(一)》(法发〔2020〕12 号)、《关于依法妥善审理涉新冠肺炎疫情民事案件若干问题的指导意见(二)》(法发〔2020〕17 号)以及《关于依法妥善审理涉新冠肺炎疫情民事案件若干问题的指导意见(三)》(〔2020〕20 号),②分别就新冠肺炎疫情不可抗力的认定、合同迟延履行以及履行不能、预期违约等问题进

① 参见张绵绵:《公众关心的疫情防控相关法律问题,法工委权威解答来了!》,载全国人大网,http://www.npc.gov.cn/npc/c30834/202002/23100ec6c65145eda26ad6dc288ff9c9.shtml。

② 最高人民法院《关于依法妥善审理涉新冠肺炎疫情民事案件若干问题的指导意见(一)》,2020 年 4 月 16 日发布并生效;最高人民法院《关于依法妥善审理涉新冠肺炎疫情民事案件若干问题的指导意见(二)》,2020 年 5 月 17 日发布并生效;最高人民法院《关于依法妥善审理涉新冠肺炎疫情民事案件若干问题的指导意见(二)》,2020 年 6 月 8 日发布并生效。

行的规定。然而,立法部门或法律解释部门并没有对新冠肺炎疫情与履行不能之间的因果关系作出详细说明。虽然新冠肺炎疫情在中国法下属于不可抗力,但是如果新冠肺炎疫情与合同履行不能本身不存在因果关系,当事人仍然无法援引不可抗力进行违约责任减免。

2. CISG之下的不可抗力和情势变更

CISG之下的不可抗力和情势变更的相关规定与中国法的对应规定较近似,但也存在区别。

(1)不可抗力和情势变更的定义

CISG第79条第1款规定:"当事人对不履行义务,不负责任,如果他能证明此种不履行义务,是由于某种非他所能控制的障碍,而且对于这种障碍,没有理由预期他在订立合同时能考虑到或能避免或克服它或它的后果。"(A party is not liable for a failure to perform any of his obligations if he proves that the failure was due to an impediment beyond his control and that he could not reasonably be expected to have taken the impediment into account at the time of the conclusion of the contract or to have avoided or overcome it,or its consequences.)

CISG本身并未使不可抗力(force majeure)或情势变更(change of circumstance)的用语描述造成合同履行受阻的事件,而是用"障碍"(impediment)一词。但是,从"障碍"一词本身无法准确认定其是指"不能履行合同"还是"合同履行受到阻碍,但可以履行"。因此,学界也曾对"CISG第79条除了不可抗力外,是否还包含情势变更"这一问题有过争论，但目前的主流观点认为其应当包含情势变更。①

(2)关于第三方遭遇不可抗力或情势变更

现实情况中，经常出现合同一方违约系因第三方违约导致的，多出现在买卖合同下的卖方仅是中间商、因实际制造商无法交货产生争议的情况。例如，买卖双方订立销售合同约定交易钢材，卖方拟从第三方钢材制造商处采购钢材以转售买方，以便履行销售合同。但是，如果第三方制造商因故无法完成钢材的生产而造成卖方无法向买方交货，卖方是否可以主张不可抗力而免责？中国法之下对该问题暂无相关规定，可参见 CISG 对此的描述。

CISG 第 79 条第 2 款规定："如果当事人不履行义务是由于他所雇用履行合同的全部或一部分规定的第三方不履行义务所致，该当事人只有在以下情况下才能免除责任：(a)他按照上一款的规定应免除责任，和(b)假如该项的规定也适用于他所雇用的人，这个人也同样会免除责任。"[If the party's failure is due to the failure by a third person whom he has engaged to perform the whole or a part of the contract, that party is exempt from liability only if: (a) he is exempt under the preceding paragraph; and (b) the person whom he has so engaged would be so exempt if the provisions of that paragraph were applied to him.]

① Franco Ferrari & Marco Torsello, *International Sales Law-CISG-in a Nutshell*, West Academic, p. 324(2014).

简言之,CISG对此的规定是,只有在合同当事人且合同当事人雇佣[①]的第三方均符合CISG第79条第1款,即他们都遭遇了不可抗力或情势变更时,此时合同当事人方可免责。

以上文中的钢材买卖纠纷为例,如果第三方制造商遭遇由新冠肺炎疫情引发的管制措施,如运输管制,造成无法交货,则第三方钢材制造商可以主张构成CISG第79条第1款项下的免责。此时的问题是,争议合同中的卖方(也是第三方制造商的买方)能否将"第三方制造商无法交货"作为CISG第79条第1款下的"障碍"而主张免责?其中的核心在于,卖方是否可避免或克服第三方钢材制造商无法交货的障碍。如果买卖合同明确约定合同项下的钢材应由该等第三方制造商(而非其他制造商)制造并交运,则卖方有较大概率可以免责;反之,买方将可能主张卖方有机会采购其他制造商的钢材以履行合同。

因此,中国的当事人在处理适用CISG的"因第三方原因导致自身未履行合同"的案件时,应当对以上规定格外注意,充分运用CISG下的规则维护自身权利。

(3)当事人在合同条款中未约定适用CISG时,能否适用CISG

在实践中,对缔结于中国当事人与其他CISG缔约方当事人之间却未约定适用法律的国际货物买卖合同,法院和仲裁庭通常会决定在案件中适用CISG。

---

① 此处英文原文为"engaged",包含的范围广于"雇佣"。但鉴于"雇佣"系CISG官方中文版本的用语,笔者在此仍沿用之。

但是，现实中往往出现合同一方是外国当事人，另一方是中国香港特别行政区、台湾地区或澳门特别行政区的当事人时能否适用 CISG，以及中国内地当事人与中国香港特别行政区当事人之间的合同能否适用 CISG 两个问题。

中国 1986 年批准 CISG 时，香港还没有回归祖国。中国明确表态 CISG 也适用于中国香港特别行政区。而对于中国内地当事人与香港特别行政区当事人之间的买卖合同，中国法院的态度也一直是基于“CISG 仅能适用于营业地位于不同国家的当事人之间的合同，而内地和香港特别行政区均位于中国境内”为理由，认定 CISG 不能适用于香港特别行政区。[①]

但是，我们需要注意，有其他国家的法院认定 CISG 应当被适用于中国香港特别行政区，如美国阿肯色州法院。[②]

对于以上两个问题，中国香港特别行政区律政司于 2020 年 3 月 2 日发表了题为《〈联合国国际货物销售合同公约〉适用于香港特别行政区建议》，以征求社会各界人士的意见。[③] 其中，律政司表示建议 CISG 被适用于香港特别行政区。关于如何使 CISG 被适用于香港特别行政区，律政司指出：

---

① 参见(2016)最高法民再 373 号。

② United States District Court, Eastern District of Arkansas, Western Division, Electrocraft Arkansas, Inc. v. Super Electric Motors, Ltd et al. ,23 December 2009, No. 4:09 CV 00318 SWW.

③ 参见《〈联合国国际货物销售合同公约〉建议适用于香港的公众咨询展开》，载香港特别行政区政府律政司新闻公报，https://www.doj.gov.hk/sc/community_engagement/press/20200302_pr1.html。

(1)鉴于 CISG 的缔约方仅能是国家,因此我国香港特别行政区不能作为独立缔约主体加入 CISG。如果使 CISG 适用于香港特别行政区,需要中央政府根据《香港特别行政区基本法》第 153 条正式决定 CISG 适用于中国香港特别行政区。

(2)如果希望 CISG 适用于香港特别行政区,可采取制定中国香港特别行政区本地条例以将 CISG 纳入中国香港特别行政区本地法律体系的方法。

诚然,中国香港特别行政区作为适用普通法的法域,在实际案件中适用源于大陆法系的 CISG 可能确有困难。但是,律政司也注意到 CISG 的优势,例如,与香港特别行政区现行法律相比,CISG 较维护合同效力,相比香港特别行政区本地法律易懂和全面,在至少关于所售货物的适用及质量的义务、补救办法两个方面 CISG 似乎较符合现今商业社会的预期和做法;并且,律政司也说明 CISG 与香港特别行政区本地的普通法法系法律大有相似之处。①

(3)普通法下的不可抗力/情势变更

普通法的成文法下缺乏直接被称作"因不可抗力免责"或"因情势变更免责"的合同免责理由。普通法之下,不可抗力和情势变更通常被归为"合同受阻"(frustration)这一概念。但是,合同受阻不等同于不可抗力或

① 参见中华人民共和国香港特别行政区律政司:《〈联合国国际货物销售合同公约〉适用于香港特别行政区建议》,载香港特别行政区律政司官网,https://www.doj.gov.hk/sc/featured/pdf/CISG_SC_Executive_Summary_PDF.pdf,p. 12－14,最后访问日期:2021 年 4 月 8 日。

情势变更。合同受阻的范围更大,其中也包括诸如双方约定交易的特定标的物灭失而造成合同目的落空的情况,并非只包含不可抗力等情况。

但是,即便是对诸如疫情、地震等传统意义的不可抗力事件造成的合同履行不能来说,普通法下的处理方法与大陆法下也有不同,其中值得注意的一项是,合同能否因此被解除。

本质上,不可抗力的影响仅仅是造成负有履行合同义务的一方当事人无法履行,并且在一般情况下这种无法履行状态的持续事件等同于不可抗力持续的时间,如果没有特殊情况,在不可抗力结束后,当事人仍然可以继续履行合同义务。例如,因为新冠肺炎疫情停止生产而无法按合同约定的日期交付货物,或因新冠肺炎疫情导致工程无法按工期完成,但是在疫情过去之后合同可以继续履行。因此,不可抗力所造成的后果本质上属于迟延履行,除非这种迟延履行所迟延的时间超出了守约方可以忍受的时间,使守约方签订合同的目的无法实现,或者使守约方继续等待不可抗力结束失去了任何意义,这时解除合同才显得具有必要性。

以新冠肺炎疫情造成合同履行阻碍为例,如果货物买卖合同的卖方由于无法按时交货而构成违约,在大陆法之下并不一定会导致守约方必然有权解除合同。相反,如果违约方要求延长合同履行期限,则裁判者可能会支持违约方的观点,通过变更合同而使合同最终被履行而非被解除。最高人民法院《关于依法妥善审理涉新冠肺炎疫情民事案件若干问题的指导意见(二)》第1条第2款规定,“买卖合同能够继续履行,但疫情或者疫情防控措施导致人工、原材料、物流等履约成本显著增加,或者导致产品大幅降价,继续履行合同对一方当事人明显不公平,受不利影响的当事人请求调整价款的,人民法院应当结合案件的实际情况,根据公平原则调整价款。疫情或者疫情防控措施导致出卖人不能按照约定的期限交货,或者导致买受人不能按照约定的期限付款,当事人请求变更履行期限的,人民法院应当结合案件的实际情况,根据公平原则变更履行期限。已经通过调整价款、变更履行期限等方式变更合同,当事人请求对方承担违约责任的,人民法院不予支持"。

然而,如果按照普通法审理同样的纠纷,则最终结果可能不同。因为在普通法之下,"合同受阻"的法律后果将直接把合同"杀死",而双方无须再履行,不存在延误履行的问题。[①] 正因为合同受阻后果的严重性,并且考虑到普通法下合同需要被严格履行的契约精神,合同受阻实际很难成立,除非能证明以下要件:①必须是发生了基本或极端的情况改变,导致严格履行合约不再是公正与合理;②如合约受阻成立,是去把合约"杀死";③一旦受阻,合约马上自动中断,双方相互没有责任,也不需要由谁去赔偿谁的损失;④合约受阻不能来自想去依赖受阻说法进而逃避合约履行义务的一方的行为或选择,必须是完全外来的意外事件导致了情况变化。[②] 最后这一点与不可抗力的成立条件是类似的。

"Salam Air Saoc v. Latam Airlines Group SA 案"[③]是英国法院在新冠

① 参见杨大明:《国际货物买卖》,法律出版社 2011 年版,第 387 页。

② 参见杨大明:《国际货物买卖》,法律出版社 2011 年版,第 388 页。

③ [2020] EWHC 2414(Comm).

肺炎疫情期间就新冠肺炎疫情所造成的影响是否构成“合同受阻”进行分析的较典型的案例。在该案中,当事人之间签订了一份关于商用飞机的租赁协议,并且约定无论在任何情况下,租赁方都应当向出租方支付租金。然而,新冠肺炎疫情的暴发使租赁方运营的航线受到了管制,有若干架飞机被迫停运。在此情况下,租赁方主张新冠肺炎疫情以及抗疫措施构成使“合同受阻”,因为其所租用的飞机被迫停运,无力支付租金。然而,英国法院却拒绝了租赁方的主张,主要理由是飞机正常飞行并非租赁合同的对价或支付租金的条件,即使飞机被迫停运,租赁方仍然有少部分飞机仍在运营,具有履行合同的能力。从该案中可以看出,英美法系下的合同受阻适用门槛是非常高的。在国际商事仲裁协议或仲裁条款中,当事人有很多会选择英国、美国、新加坡或中国香港特别行政区等普通法国家或地区的法律作为适用法。在这种情况下,如果当事人在合同中并未专门约定不可抗力条款,则根据双方约定的普通法法域的适用法,最终的结果可能是合同被解除,而非变更合同后继续履行。

然而,普通法的一个优点是,由于普通法系法域多采取判例法,因此关于某一特定障碍事件是否能构成不可抗力,以及该事件与违约之间是否有足够的因果关系等问题通常可以在判例法中找到具有法律拘束力的裁判实例,这无疑为裁判者和当事人提供了更清晰的指引。

例如,在“Thames Valley Power Limited v. Total Gas & Power Limited

案”中,[①]道达尔石油公司(Total Energies,Total,以下简称道达尔)以油气价格的暴涨导致其处于商业上极其不利的地位为由,主张不可抗力,并要求免除向原告供应天然气的责任。英国法院在判决书中记载:“不可抗力事件导致道达尔主张不能履行合同义务……而事实上道达尔的理由是因为合同履行的成本变得非常甚至惊人的昂贵,这并不等于道达尔不能履行合同义务。”由此可知,英国法院认为,即使市场行情暴涨造成合同履行的成本巨幅上升,也不可以不可抗力或合同落空为由豁免一方当事人的履约义务。

而在“Seadrill Ghana Operations Limited v. Tullow Ghana Limited 案”中,[②]Tullow 与 Seadrill 签订合同,前者从后者处租赁了石油钻机用于在加纳海域钻探和开采石油之用;但由于加纳和科特迪瓦发生海洋边界纠纷,处理该边界争端的国际仲裁机构发布临时措施,要求加纳采取一切必要措施,在争议区域内停止一切的石油钻井活动。Tullow 持有特许权的一处油田正因处于该争议区域内而受限。于是租赁设备一方的 Tullow 以临时措施令构成不可抗力、导致其无法使用钻机为由,要求终止与出租设备一方签订的合同。案件诉至英国法院,经法院查明,虽然临时措施令(以及政府的钻井暂停令)属于合同中约定的不可抗力事件,但承租方不能支付设备租赁费、未能履行合同义务,还有另一原因,即承租方拥有的另一处油田出现技术问题,加纳政府拒绝批准承租设备的 Tullow 在加纳的油田开发计

① [2006] 1 Lloyd’s Rep. 441.

② [2018] EWHC 1640(Comm).

划,而这个问题与其主张的不可抗力事件无关。该案是两起事件共同导致了承租人主张的合同履行不能,仅有一起事件属于被认定的合同约定的不可抗力事件。如该案中这样多个事件同时发生,但仅有部分事件被认定为不可抗力事件的情况,使因果关系的分析变得复杂。在 1978 年的"Intertradex v. Lesieur 案"中,英国法院确立了"通过不可抗力条款免于履行义务或延迟履行义务时,不可控事件必须是合同方无法履行合同义务的唯一原因(sole cause)"的原则。因此,在"Seadrill Ghana Operations Limited v. Tullow Ghana Limited 案"中,英国法院基于"Intertradex v. Lesieur 案"判例确立的原则,判定虽然钻探禁令属于合同约定的不可抗力事件,但并非承租人 Tullow 不能履行合同义务的唯一原因,只有 Tullow 主张的不可抗力因素是造成合同履行不能的唯一原因,其主张的不可抗力抗辩才能成立。由此可知,当同时存在不可抗力和非不可抗力等原因导致合同履行不能时,当事人仅仅依赖不可抗力条款在英国法下无法实现免除履行合同义务的目的。不可抗力事件必须是合同履行不能的"唯一有效原因"(the only effective cause)。

在不可抗力或情势变更的判断标准上,如果当事人在合同中对什么是不可抗力或情势变更事件进行了详细约定,那么,该等条款则会被裁判者作为标准来对当事人所处情境进行评价以便确定是否属于免责情况。遗憾的是,在一些合同中,特别是一些特定行业交易模式的合同项下,当事人没有约定不可抗力条款,或者由于特定的交易模式而故意不约定(或禁止约定)不可抗力条款,例如,在上文提及的航空产业的商用飞机融资租赁合同中,航空公司(租赁方)常常受到合同中“排除万难”条款的约束,要求租赁方必须按期给付租金,即便遇到任何风险或困境。事实上,在英国法中,就算在合同中没有约定“排除万难”条款,当事人也必须严格履行合同项下的义务。英国法律对合同当事人履行义务的要求是非常严格的,合同一旦作出明示或默示的承诺,就必须得到执行;如果无法执行,就要面对违约与索赔。在国际商事仲裁中,如果合同当事人约定了英国法作为仲裁适用法,而且在合同中没有约定关于不可抗力的条款,那么就只能寻求英国法下的“合同受阻”理论直接“杀死”合同,从而避免承担违约责任。但是,正如上文所述,合同受阻的成立条件非常严格,主要体现在以下两方面。

第一,合同受阻的条件之一,是必须发生了基本或极端的情况改变,导致严格履行合约不再是公平合理的。按照英国法的理论,订约的基本情况改变之后的情况,客观上并非系双方订约时能预见到的,并且也不是双方订约时作出承诺所针对的情况。此时若继续履行,则并非双方订约时所预想的结果。这看起来似乎有些死板,但在英国法中,法院或仲裁庭并不存在任何可以干预当事人之间所订立的合同的权力,而只能对案涉争议合同进行解释、协助执行或进行违约救济。若法院或仲裁庭擅自认为客观情况变化导致合同某一方或全部合同当事人继续履行是不合理的,因而裁判合同无须再履行,则会被认为越权。① 况且在实践中,如果确实存在合同受阻的情形,双方可以对合同进行更改或订立一个新的合同;或者,如果客观

① 参见杨大明:《国际货物买卖》,法律出版社2011年版,第390页。

环境发生的基本变化使双方订约时设立的合同目的已经不复存在或者毫无意义,则合同当事人完全可以协商解除合同。

第二,合同受阻必须是完全因为外来的意外事件所导致的,不能是合同当事人所利用的逃避合同义务的借口。这就是说,合同受阻不能是"当事人自己导致的受阻"(self-induced frustration)。

我国《民法典》第533条也规定了"情势变更"原则,并且该原则适用的条件同样是"合同的基础条件发生了当事人在订立合同时无法预见的、不属于商业风险的重大变化,继续履行合同对于当事人一方明显不公平的"。但不同之处在于,法官或仲裁庭的权力。在我国合同法项下,法官或仲裁庭有权对当前情势进行认定,并对合同内容尤其是双方承担的义务进行重新调整,或者解除合同;而在英国法下,法官或仲裁庭只能将合同"杀死",而不能自由裁量变更合同内容。

(三)针对中国企业的建议

在本次新冠肺炎疫情中,中国的广大企业特别是出口型企业贯彻我国企业"走出去"的外向型方针,仍在积极地开展对外贸易业务。而经过本次新冠肺炎疫情,中国企业在预防和应对诸如新冠肺炎疫情等不可抗力引起的合同纠纷也需要更多的知识和经验。对此,笔者有以下几方面的建议供参考:

1. 商事合同的起草与修订

如上文介绍,当争议发生时,合同中约定有与争议问题相关的条款以及适用法是至关重要的。因此,在商事合同的起草与谈判阶段,非常有必要对不可抗力或合同受阻进行详细约定。

首先,要针对交易背景与交易特点尽可能全面地列举不可抗力事件,并明确每一具体不可抗力事件的定义,避免后续发生争议时就相关词语的解释发生分歧。就新冠肺炎疫情而言,有必要考虑因新冠肺炎疫情带来的政府防疫措施或管制措施是否会影响交易进行,这不仅包括一系列政府措施对交付环节的影响,还包括对第三方供应商(如原材料供应商)的影响,因为合同当事方履行合同义务很可能需要来自产业链其他环节的支持,但是,一旦第三方供应遭受影响,则很可能会导致合同当事方违约。

其次,应当在合同中明确不可抗力事件的证明方式和证明范围。如果双方在合同里约定"在一方主张的不可抗力事件出现后,该方应当向另一方交付当地商会出具的证明该事件确实存在的证明书",则将对证明该事件是否存在以及是否构成不可抗力有较大帮助,以减少双方在此环节的纠纷。中国国际贸易促进委员会(以下简称中国贸促会)在新冠肺炎疫情期间曾多次出具"不可抗力"证明书,对纠纷解决发挥了极大的促进作用。但是,在实践中当事人往往对"不可抗力"证明书证明的是什么内容的理解不准确。以中国贸促会出具的"不可抗力"证明书为例,证明书中通常只对当事人主张的诸如运输管制、政府命令停工等管制措施是否存在及持续时间等客观事实给予证明,而对争议合同下的履行情况不作评论。换言之,除当事人在第三方已经证明不可抗力事件确实存在外,还必须证明自己的违约行为与不可抗力事件的因果关系,以便证明其确实有权主张不可抗力抗辩。然而,笔者在实际的国际仲裁案件中也曾见过外国的个别商会在出具的"不可抗力"证明书中对仲裁中争议的交易也加以评价,例如,

“不可抗力”证明书中除证明当地铁路运力受阻的情况属实外，还提及“卖方在某年某月已经向铁路部门申请车皮遭拒，因此该当事人未履行该合同属于不可抗力造成因此可以免责”。这种“不可抗力”证明书显然是越俎代庖，因为商会作为第三方机构仅应具备证明一个客观事实是否存在的职能，而不应（也没有能力）对不可抗力事件与具体案件中的违约是否存在因果关系发表结论性的法律意见。该仲裁案的实际情况是，卖方有能力采取补救措施完成依约交付，显然不属于因不可抗力而无法履约。因此，当事人应当注意避免在合同中约定“证明不可抗力是否成立，应当以不可抗力证明书为最终结论”等类似条款，以免被认定为“当事人授权不可抗力证明书的出具机构对当事人违约是否因不可抗力而可以免责出具最终结论”，从而造成不必要的麻烦。

另外，对于发生不可抗力后的通知义务，合同中应当约定具体的通知期限（而非仅约定“及时通知”），以便守约方能及时了解不可抗力的出现，及时补救并止损，以免双方事后对多长时间内发出通知属于“及时”产生争议。

2020 年，国际商会（International Chamber of Commerce，ICC）发布了《不可抗力及艰难情形条款 2020》，国际贸易从业者在起草合同中不可抗力等条款时可以引用借鉴。[①] ICC 的不可抗力条款范本建议的示范条款包括：“‘不可抗力’指阻止或妨碍一方当事人履行合同项下的一项或多项义

---

① International Chamber of Commerce, *ICC Force Majeure and Hardship Clauses*, https://iccwbo.org/content/uploads/sites/3/2020/03/icc-forcemajeure-hardship-clauses-march2020.pdf.

务的事件或情况发生,且受障碍影响的当事人证明:(a)该障碍超出其合理控制范围;和(b)该障碍在订立合同时无法被合理预见;同时(c)障碍的后果无法被受影响的当事人合理避免或克服。”在该范本中,ICC还列举了若干可以被认定为不可抗力的事件,“(i)战争(无论是否宣战),敌对行动,入侵,外敌行动,大规模军事动员;(ii)内战,暴乱,叛乱和革命,军事政变或篡权,暴动,恐怖主义行为,破坏或海盗活动;(iii)货币和贸易限制,禁运,制裁;(iv)合法或非法的权力行为,遵守任何法律或政府命令,征收,厂房扣押,征用,国有化;(v)瘟疫,流行病,自然灾害或极端自然事件;(vi)爆炸,火灾,设备损坏,运输、电信、信息系统或能源的长期崩溃;(vii)普遍的劳工骚乱,如抵制,罢工和封门,怠工,工厂和场所的占领”。

除不可抗力的一般条款及其外延外,该范本还针对第三人不履行、不可抗力违约通知、不可抗力的后果、合同履行的临时阻却、不真正义务、合同终止、不当得利等方面进行了规定。可以说,ICC这一范本是相当完备的,良好地平衡了不同法律体系之间的不同点,可以作为国际商事交易中的重要参考资料。

2. 不可抗力风险的应对

危机管理是一个成熟企业必备的能力。目前,全球范围内新冠肺炎疫情还没有结束。当合同已经订立、双方开始履行合同时,不可抗力仍可能会出现并阻碍合同履行。因此,企业应当提高不可抗力风险出现后的应对能力,包括以下几点:

首先,不可抗力事件出现之时,第一步也是最重要的一步,是向对方合同当事人第一时间通知不可抗力事件的出现、当前的影响以及后续可能对交易或合同履行带来的影响，以便满足合同和法律之下要求的及时通知义务，也为双方修改和补救合同争取时间。此时企业法务部门应当与商务部门合作完成通知内容的草拟和审核，并及时发送给对方当事人。

其次，在不可抗力事件出现后，企业应当注意尽可能全面地收集并保存相关证据，包括不可抗力事件发生的证据、阻碍合同履行的证据、已经向对方通知不可抗力事件的证据等。包括中国贸促会在内的商会组织可以出具“不可抗力”证明书，但证明书通常并不就企业无法履行合同的具体事实，以及未履行合同与不可抗力事件之间的因果关系发表意见，企业还需要更多、更充分的事实证据来证明该等因果关系的存在。

与此同时，企业应当积极寻求合同补救、与对方当事人共同商讨可能的补救措施，争取挽救交易，以免在争议程序中被最终认定“该合同实际可以被补救，因此当事人主张的不可抗力抗辩不能成立”。

三、新冠肺炎疫情对国际商事仲裁程序的影响

（一）商事仲裁机构仲裁规则的新变化

1. 国际商事仲裁机构仲裁规则的变化

新冠肺炎疫情对于传统的仲裁争议解决机制带来了前所未有的挑战。针对新冠肺炎疫情带来的程序法律问题，各大仲裁机构亦对其仲裁规则进行了相应修订。海外仲裁机构以 ICC 和 LCIA 为代表，二者分别于 2021 年和 2020 年对其仲裁规则进行了修改，其中重要的修订内容包括线上立

案程序、证据储存及开示程序、远程开庭程序及电子送达程序。事实上,在新冠肺炎疫情暴发之前,国际商事仲裁程序已经使用互联网远程连接、人工智能等技术。随着新冠肺炎疫情带来的交通限制或线下开庭中止等影响,这些新技术也得以不断发展,仲裁程序中的程序性规则也出现了新的趋势变化。

以ICC为例,2017年版的《国际商会仲裁院仲裁规则》(以下简称《ICC仲裁规则》)要求全部文件在任何情况下都必须要向各方送达一份纸质副本。新冠肺炎疫情发生后,2021年版的《ICC仲裁规则》则明确规定,通知和文件的送达可以通过电子邮件进行,仅要求当事人将书状(包括仲裁通知书、仲裁答复书和紧急仲裁申请书等)和书面函件"发送"(be sent to)给各方当事人、仲裁员和秘书处即可。并且,在双方当事人没有特别约定或要求的情况下,一方当事人仅需要通过电子邮件等手段完成送达即可,无须再于线下邮寄纸质文件。就开庭方式而言,2021年版《ICC仲裁规则》第26条亦明确规定,仲裁庭可以在与各方当事人进行磋商后,决定是否采用视频等信息技术手段远程开庭,明确赋予了仲裁庭在决定开庭方式这一事项上更多的自由裁量权。

《伦敦国际仲裁院仲裁规则》(以下简称《LCIA仲裁规则》)亦于2020年进行了修订,其中也包括因新冠肺炎疫情而造成的必要规则调整。例如,依据修订后的《LCIA仲裁规则》第19.2条的规定,仲裁庭现在被赋予了更大的自由裁量权,可以独立确定庭审(hearing)召开方式,并规定听证会可以通过电话会议、视频会议或使用其他通信技术与一个或多个地点的参与者远程进行。

2. 国内商事仲裁机构仲裁规则的变化

在新冠肺炎疫情给国际商事仲裁带来严峻挑战之时，中国的商事仲裁机构亦积极制订和实施应对举措，贸仲应邀加入包括世界银行国际投资争端解决中心、美国仲裁协会国际争议解决中心、德国仲裁协会、维也纳国际仲裁中心、LCIA、ICC 仲裁院以及国际商事仲裁机构联合会等 13 家国际主要仲裁机构和组织联合发起的"Arbitration and COVID - 19"（以下简称《联合倡议》），成为共同倡议方，积极促成应对新冠肺炎疫情的国际合作，共同促进国际仲裁公正高效地解决争议，为我国"稳外贸、稳外资"营造良好的国际法制环境。《联合倡议》旨在联合国际主要仲裁机构共同应对新冠肺炎疫情给国际仲裁带来的影响，倡导各仲裁机构在特殊时期更加团结，搭建国际争议解决机构新冠肺炎疫情防控合作平台，探索新冠肺炎疫情下公平高效的仲裁审理方式。《联合倡议》将推动国际商事多元化争议解决机制及案件审理模式在新冠肺炎疫情防控常态化下的发展与变更。

与此同时，在新冠肺炎疫情暴发的初期，我国由于管控措施严格使现场仲裁等一系列工作无法实现，贸仲发布了《关于新冠肺炎疫情期间积极稳妥推进仲裁程序指引（试行）》，该指引在网上立案、文件电子送达、在线庭审程序、书面审理、鉴定、在线调解、仲裁裁决等方面推出了若干措施与方案，促使贸仲更好地应对新冠肺炎疫情带来的挑战。具体而言，在新冠肺炎疫情期间的仲裁案件当事人可通过贸仲的网上立案平台提交仲裁申请，仲裁活动中的一切文书送达均通过电子邮件的方式进行，仲裁庭可以根据贸仲仲裁规则向当事人发送程序令,灵活安排仲裁程序,可以按照简易程序或普通程序进行仲裁案件的书面审理,仲裁庭可以进行按照《贸仲视频庭审规范(试行)》进行在线开庭、在线调解等。国内其他知名仲裁机构,例如,北京仲裁委员会,北京国际仲裁中心以及深圳仲裁委员会等亦分别发布了《北京仲裁委员会,北京国际仲裁中心关于网上开庭的工作指引(试行)》以及《深圳仲裁委员会关于疫情防控期间仲裁工作及相关事项的温馨提示》。

另外,在应对新冠肺炎疫情影响、对仲裁费用的计算和收取采取灵活机制方面,深圳国际仲裁院(以下简称深国仲)走在实践前列。2020 年 2 月,深国仲出台了《关于共同应对疫情、减免部分案件仲裁费的特别决定》,规定"符合条件的国内案件:案件受理费全免;案件处理费减半收取,即按照所适用的深圳国际仲裁院仲裁规则规定费率的 50% 收取案件处理费作为仲裁费用""符合条件的国际、涉外及涉港澳台案件:立案费全免;减半收取仲裁费用,即按照所适用的深圳国际仲裁院仲裁规则规定费率的 50% 收取仲裁费用"等。仲裁费的大幅减免有利于降低新冠肺炎疫情对仲裁程序和当事人权利的影响,在新冠肺炎疫情防控的关键时期,既能确保仲裁各项程序的有序流转,保障当事人的仲裁权利,又可以切实减轻企业解决纠纷的费用负担,维护稳定、有序、公平的营商环境。此外,仲裁费用的减免举措也考虑到,由于新冠肺炎疫情防控措施仲裁庭只能通过线上程序进行开庭,而视频会议与传统现场庭审相比的确存在些许不便之处,当事人可能会对线上仲裁的保密性、公正性等问题有所顾虑。因此,深国仲出台费用减免措施亦是一种鼓励当事人进行线上仲裁的手段,以此促进线上仲裁活动的进步与完善。

(二)Zoom 时代下的远程开庭

远程开庭也可被称为线上开庭,是新冠肺炎疫情到来后在国际商事仲裁中被更广泛使用的一种应对新冠肺炎疫情影响的开庭方式。远程开庭,是指通过使用通信技术在位于不同地点的多方当事人之间建立同步的联系,从而进行的仲裁开庭。[①] 能够满足远程开庭需求的通信技术包括视频会议、电话会议以及远程在位。目前,在国际商事仲裁程序中最常用的是视频会议方式,最常用的视频会议软件是 Zoom 和 Microsoft Teams。

1. 开庭准备与程序性命令

远程开庭与传统开庭存在较大区别。在传统的现场开庭程序中,一切开庭事宜将由仲裁机构与仲裁秘书安排妥当,当事人及其代理律师还有其他参与仲裁的主体按时出庭参加仲裁即可;然而,远程开庭却需要仲裁员、当事人、代理律师、证人以及翻译、速录等多方主体同时做好准备,同步地还原现场开庭的程序,这对于网络连接的质量、仲裁的保密性、公正性以及庭审效率均提出了很高要求。

与传统线下庭审相比,在线庭审对包括仲裁庭、庭审参与者等全部参与仲裁案件中的主体均提出了较高要求。在国际商事仲裁中,由于仲裁程序更多地奉行当事人主义,因此,当事人的代理律师在仲裁程序的走向上

---

① Maxi Scherer, *Remote Hearings in International Arbitration: An Analytical Framework, in Maxi Scherer(ed)*, Journal of International Arbitration, Vol:37, p. 407 – 448(2020).

发挥较大作用,进而需要其牵头对在线开庭或远程庭审进行准备工作。一般而言,当事人或其代理律师需要先向仲裁庭提出在线庭审的申请;当然,有的仲裁机构也赋予仲裁庭对采用远程庭审模式作出决定的权力。例如,ICC 在新冠肺炎疫情暴发后发布了《关于减轻新冠肺炎疫情影响若干可参考措施的指引》,[①]其中规定,仲裁庭认为有必要的,可以采取远程庭审模式。对于一方当事人申请远程庭审的或者仲裁庭决定采用远程庭审的案件,如果其他当事人不同意,则可以向仲裁庭提出反对意见,仲裁庭将结合案件情况以及当事人的理由对此作出认定。事实上,在较复杂或标的额较大的国际商事仲裁案件中,仅在远程庭审申请阶段,当事人可能就会向仲裁庭提交数轮意见,就是否采用远程庭审模式这一问题展开争论。

在确定采用远程开庭后,还需就远程开庭的具体安排召开庭前会议,庭前会议可以采用视频会议的方式进行。虽然通过庭前会议安排庭审日程表在国际仲裁中(尤其是在以中国以外的法域作为仲裁地的仲裁案件中)非常常见,但远程开庭比现场开庭需要提前安排的事务更多。庭前会议的目的在于协调各项准备工作以及时间安排。在一般情况下,庭前会议会包括以下内容:

第一,具体的庭审时间表,包括每次庭审的日期、具体起止时间、中途休息时间等。由于远程开庭中的参与者经常位于不同时区,因此有必要将庭审

---

① *ICC Guidance Note on Possible Measures Aimed at Mitigating the Effects of the COVID－19 Pandemic*, ICC, https://iccwbo. org/publication/icc-guidance-note-on-possible-measures-aimed-at-mitigating-the-effects-of-the-covid-19-pandemic/.

时间安排在各方均方便的时间，如果确实无法协调，属于同一方的参与庭审的人员，例如，翻译人员、证人、代理律师可以在同一地点集合，共同参加庭审。

第二，对证人进行交叉盘问的安排。国际仲裁中的证人分为事实证人与专家证人，当事人的代理律师将在庭审过程中对证人进行盘问。在庭前会议中，应当将证人盘问的顺序、时间以及证人的所在地点进行确定。由于在线庭审存在网络延迟的风险，因此在确定盘问时间时应当预留一定的可调配时间。

第三，庭审案卷的提交时间。庭审案卷的内容通常包括仲裁程序中产生的所有书面文件，在庭审中，尤其是在证人交叉盘问的环节中，庭审案卷可以帮助仲裁庭与代理律师更加方便地查阅相关文件与依据。随着在线庭审的普及，电子案卷逐渐取代纸质案卷成为主流的趋势。

第四，庭审辅助人员的确定。在线庭审中，常常需要配备翻译人员、庭审速录人员等，甚至在电子案卷的制作过程中也需要专业服务机构进行辅助。上述庭审辅助人员一般会在庭前会议中加以确认，在远程开庭时参与到视频会议中。

在仲裁程序中，为确保远程庭审顺利开展，仲裁庭一般会在庭审之前尽可能地及时把争议问题进行查明，让当事人尽可能全面地发表意见，以减轻远程庭审的压力。因此，仲裁庭可以发布程序令对相关程序进行调整，或要求当事人就相关问题发表意见或提交证据。

2. 口头陈述与证人交叉盘问

在远程开庭开始后，仲裁庭会让双方代理律师按照事先商定好的时间及顺序发表陈述意见,这时律师的口头陈述能力将非常重要。在传统的现场开庭情形下,律师在陈述过程中的口头表达、肢体语言以及书面材料或依据都会作为口头陈述的一部分,并可能会对仲裁庭产生影响。但在远程开庭中,仲裁庭看到的是电脑屏幕,甚至屏幕上的双方当事人和律师与作证的证人均以视频小窗口呈现。因此,律师应当在口头陈述时注意以下几点:

第一,仲裁庭通过视频窗口观看对方律师的陈述时,其鲜活性不如传统现场开庭。这对律师的口头陈述能力提出了更高要求,以弥补仲裁员"无法现场看到真人"的不便。尤其是在远程开庭中,律师将难以与仲裁庭眼神交流,无法做到"看着仲裁员的眼睛陈述意见",这无疑会减损陈述效果。因此,律师在口头陈述时应当更加注意口头表达,应当使用较大音量,并且应当尽量避免全篇朗读发言稿件。在传统现场庭审时,全篇朗读发言稿件会让仲裁员失去兴趣,在远程开庭中更是如此。因为相隔两个屏幕,面对复杂的案情与繁多的书面材料,仲裁员更愿意倾听代理律师声情并茂地为仲裁员讲解事情的原貌,包括法律性分析与结论。如果代理律师仅按照稿件朗读,则很可能无法将发言内容聚焦仲裁员认为的案件疑难点,而这些疑难点才是决定案件最终裁决结果的关键点。况且,与脱稿演讲相比,朗读稿件对仲裁员来说也更加缺乏说服力。当然,代理律师可以准备一份列有发言要点的清单,便于在脱稿进行口头陈述时查看,防止发言内容缺乏逻辑或者脱离重点。退一步讲,如果不得不使用稿件,例如,需要按照原文口头引述一份文件中的话,那么也要保证尽量将该文件放置于视频会议所用摄像头所在的屏幕上，否则在引述的时候去看其他屏幕这一行为，可能会给仲裁员留下不好的印象，甚至怀疑律师是否使用了其他不符合保密要求的辅助工具，当然，如果提前向仲裁庭报备了多块屏幕同时使用则无妨。无论是否使用稿件，都要在发言时尽可能地看着摄像头，并与仲裁员保持眼神交流。

第二，在远程开庭口头陈述时，律师应当尽量放慢语速，并将语句表达清楚。由于网络连接可能会出现延迟问题，因此如果表达太快很有可能让仲裁员错过律师表达内容的重点部分；而且，仲裁员可能会对口头陈述的内容进行提问，因此，最好在发言中留出间隙，以便仲裁员跟上思路后进行提问，或者可以主动询问仲裁员是否对发言部分有疑问。

第三，Zoom、Microsoft Teams 等视频会议软件均具备屏幕共享的功能，如果律师能够在口头陈述时将发言提纲或要点从屏幕上分享给仲裁庭，则远程庭审的效率将得以大大提高。制作演示文稿（Powerpoint，PPT）并分享也是一个较好的办法，但如果演示文稿的内容仅仅包含发言要点，不如将屏幕用于证据材料的共享展示，否则如果律师就某一证据进行口头陈述时还需要将屏幕切换至该证据，其发言效率反而会降低，PPT 不妨不用。需要注意的是，尽管律师在发言时可以使用要点提示或演示文稿，但还是应当在远程开庭开始之前尽早地将庭审争议焦点与陈述意见的大纲或全部内容提交给仲裁庭，以便仲裁庭能够提前准备，千万不要在远程庭审时才将发言的要点展示给仲裁庭。

在通过共享屏幕功能给仲裁庭演示电子卷宗里面的具体证据时，因为以这种方法演示证据与传统开庭有较大差别，当事人也应当格外注意以下要点：

应当避免将与待展示的证据无关的资料（如自己的笔记、其他内部文件）不慎共享到屏幕上。

在演示证据时，应当先明确说明演示的证据是案卷的哪一页。并且在必要时应当使用高亮（highlight）等软件工具把证据上的相关内容高亮标出，便于仲裁庭阅读。

演示证据中，如果要将页面翻页或下拉，动作应当缓慢，并口头向仲裁庭说明自己的动作，例如，“我现在将翻到第×页”“我们还是在同一页，现在我向下拉动页面”，以便仲裁庭清楚地阅读。

演示证据中，不应有多余的鼠标动作，以免干扰仲裁庭。

在演示证据中，虽然鼠标箭头可以辅助指出页面内容，当事人在展示证据时仍应当把展示证据的过程口头说出，以便被准确地记录在笔录上。例如，当事人在用鼠标箭头展示页面中多处的内容时，可以口头说，“本页第二行显示×××，而本页第十行显示×××”，而不是“这个地方显示×××，而那个地方显示×××”。原因是，虽然仲裁员在庭审时可以跟随鼠标箭头的动作看到当事人展示的证据内容，但鼠标动作无法被记入笔录，仲裁员在庭后阅读笔录时可能难以准确回忆起当事人展示的是证据中的哪个部分。如果展示的证据是电路图之类的复杂内容，则更有必要清晰地说明展示过程。

第四，对于证人交叉盘问，律师在庭前应当给证人进行培训以适应线上开庭。远程开庭在进行证人交叉盘问时，一方面，要保障己方证人的网络连接稳定性以及开庭环境的可靠性，避免受到不必要的打扰；另一方面，要尽可能清晰地询问对方证人，不要语速过快或声音过小，有时受网络延迟的影响，容易给仲裁员留下不好的印象。

（三）远程开庭的法律框架

虽然远程开庭在新冠肺炎疫情期间已经成为主流的审理方式，但采取远程开庭而非现场开庭是否符合仲裁地的法律规定、是否符合程序的正当性要求，仍然是一项被业界讨论甚至争论的问题。远程开庭的合法性主要源于仲裁机构所在地的仲裁法律规范以及仲裁机构的仲裁规则，当然还有当事人之间达成的仲裁协议或仲裁条款。似乎目前世界上没有哪个国家的仲裁法律规范明令禁止远程开庭，尤其是仲裁机构所在地的仲裁法律规范以及仲裁机构的仲裁规则；当然，目前也鲜有国家的仲裁法律规范明确规定，远程开庭可被作为一种合法有效的国际仲裁开庭模式。

1. 远程开庭程序的合法性

很少有国内法明确规定了远程开庭程序及其合法性。即使某国国内法有相关规定，也并非直接对远程开庭的合法性作出规定，而是在字里行间为远程开庭创设了可能性，人们可以在适用法律的过程中通过法律解释得出远程开庭具备合法性的结论。

但是，确有国内法明确规定了远程开庭的合法性。一个典型的例子是荷兰《民事诉讼法典》（Netherlands-Code of Civil Procedure）第 1072b（4）条规定："除了证人、专家或当事人的出庭程序之外，仲裁庭可以决定其他与仲裁案件有关的主体通过信息技术手段与仲裁程序建立联系。”除国内法外,国际商事仲裁机构的仲裁规则亦大多承认了远程开庭的合法性。《LCIA 仲裁规则 2020》第 19.2 条亦规定,“仲裁庭在当事人之间的仲裁协议项下具有充分的权力来决定仲裁程序的进行,包括其形式”,“庭审的形式可以是视频会议、电话会议或线下形式”。其他仲裁机构的仲裁规则亦包含类似条款,这些国内法与仲裁规则均明确允许了远程庭审。特别是在新冠肺炎疫情来临之际,ICC 亦修改了其仲裁规则,公布了专门应对新冠肺炎疫情影响的措施指南,其中就包括远程开庭程序。

当事人参加庭审的权利,是仲裁活动的基本原则。问题在于,当事人参加庭审,是否必须是线下的、现场的庭审？有学者认为,在某些国内法项下,远程庭审并不符合“庭审”条件的原因在于,庭审过程必须全程由当事人面对面进行口头交流,进行实时的文件或证据的交换,并对证人或证据进行盘问或质证。[①] 然而,事实证明远程开庭仍能满足这些条件。虽然总的来说远程开庭可以在形式上通过视频会议软件、电子卷宗等工具实现即时口头表达、质证、盘问与其他程序,但仍然应当按照个案审视的原则,审慎地检视所有程序及其细节是否满足了现场庭审最关键的特征,即是否对当事人参与庭审的权利予以充分尊重。

非常值得注意的是,2020 年 7 月 23 日,奥地利最高法院针对一个在维也纳国际仲裁中心(Vienna International Arbitral Centre,VIAC)进行仲裁并

---

① Maxi Scherer, *Remote Hearings in International Arbitration: An Analytical Framework*, Journal of International Arbitration, Vol. 37, p. 407 - 448(2020).

采用远程开庭仲裁案件的程序合法性问题作出了裁定,[①]这是全世界范围内第一个国内最高法院针对远程开庭程序合法性问题进行审理的案件。[②]该仲裁案件始于2017年,在案件持续审理的过程中,仲裁庭将某一场有关案件证据的庭审日期确定为中欧时间(Central European Summer Time, CEST)的2020年4月15日上午10时。由于新冠肺炎疫情的暴发,双方当事人在2020年3月的一场庭前会议中讨论了远程开庭的可能性,但被申请人拒绝了远程开庭并提议将现场庭审延后。然而,仲裁庭决定庭审日期不变,并采用远程庭审方式开庭;具体开庭时间被改为维也纳时间的2020年4月15日下午3时,由于被申请人一方出庭的律师和证人位于美国加利福尼亚州的洛杉矶市,这一开庭时间相当于当地时间的上午6时。开庭结束后,被申请人即向VIAC提出了申诉,但被拒绝;被申请人随即向奥地利最高法院提起诉讼,主张仲裁庭未能"合适地通知其开庭日期,导致其未能充分进行准备","仲裁庭将庭审时间设置为维也纳时间下午3时,即洛杉矶早晨6时的决定使当事人未能获得平等的对待",并且"远程庭审违反了仲裁庭平等对待当事人的义务,因为仲裁庭未能采取适当措施防止证人受到不正当干涉——仲裁庭和当事人均无法确定证人在开庭时所看到的文件,亦无法确定证人作证时是否有旁人在场,更无法确定证人被盘问时是否能收到聊天消息"。

---

① Case No. 18 ONc 3/20s.

② Maxi Scherer and Franz Schwarz, *In a "First" Worldwide, Austrian Supreme Court Confirms Arbitral Tribunal's Power to Hold Remote Hearings Over One Party's Objection and Rejects Due Process Concerns*, Kluwer Arbitration Blog(2020/10/24), http://arbitrationblog.kluwerarbitration.com/.

最终,奥地利最高法院驳回了被申请人的申请。奥地利最高法院认为,在新冠肺炎疫情暴发的情况下,仲裁庭未将庭审日期推迟而选择远程开庭的行为并未违反其确保当事人享有平等参与庭审之机会的义务。奥地利最高法院认可远程庭审技术在新冠肺炎疫情期间的重要作用,并且引用《欧洲人权公约》(European Convention on Human Rights,ECHR)第6条,即当事人有获得有效司法救济并使其案件获得审理的权利。此外,奥地利最高法院认为,虽然时区不同,但采用线上庭审比从美国去往奥地利参加现场庭审更高效,并且现有网络技术在妥善运用的情况下能够保证证人独立作证的地位。

这一裁定的重要意义在于,奥地利最高法院再一次支持了仲裁庭单方面对庭审程序进行决定的权力,包括是否采用远程庭审技术进行在线开庭。针对仲裁当事人获得平等对待的问题,奥地利最高法院采用了一种更加宽泛的标准——ECHR第6条所规定的当事人享有获得有效司法救济并使自己的案件得到审理的权利,远程庭审不仅能够确保既定的庭审安排不受影响,亦能够保障当事人充分参与庭审的权利。

2. 当事人的同意与仲裁庭的权力

在一般情况下,仲裁活动基于当事人之间的仲裁协议或仲裁条款展开。对于远程庭审程序,仲裁庭通常会遵循当事人之间的仲裁协议,或者在仲裁协议没有明确约定远程开庭的情况下询问当事人是否同意远程开庭。然而在实践中,情况往往复杂得多。

首先,如果当事人之间明确约定禁止适用远程庭审,而必须到现场进行庭审,仲裁庭是否仍然可以依职权决定采用远程庭审模式?在一般情况下，在实践中，如果当事人反对远程庭审，仲裁庭常常决定将庭审延期举行。但基于仲裁活动的本质特征——契约性，如果当事人已经在仲裁协议中明确反对远程开庭并要求现场庭审，那么仲裁庭必须聆听当事人的意见，尊重当事人之间的仲裁协议，不得武断地继续采用远程开庭模式或紧急程序，这意味着至少要提前进行询问并征得当事人的同意。

其次，与上述情况相反的是，当事人可能明确约定采用远程庭审。在这种情况下，仲裁庭是否可以拒绝？在某些仲裁案件中，确有仲裁庭拒绝采用远程庭审的模式，首席仲裁员可能并不愿意采用复杂的技术手段。尽管在理论上，仲裁庭应当遵循当事人之间的约定进行开庭，但在实践中如果遇到仲裁庭拒绝远程开庭的情况，除更换仲裁员外，当事人也没有其他更好的选择。除仲裁员不愿意适应复杂的技术要求外，还有可能其希望规避因技术而带来的仲裁裁决被撤销或不可执行的风险。但事实上，最佳的规避风险的做法就是在仲裁地法与仲裁规则允许的范围内严格遵照当事人之间的约定。

除上述两种情况外，还有最常见的一种情况——一方当事人同意远程开庭，而另一方当事人表示反对。那么仲裁庭是否可以不顾一方当事人的反对决定远程开庭？对此，有两种截然相反的观点。仍然是基于仲裁的契约性，一种观点认为，远程开庭只有在当事人均同意的情况下才可以进行。另一种观点则完全相反，认为仲裁庭有“绝对”的权力决定是否采用远程开庭模式。根据《ICC 仲裁规则》第 25(2)条的规定，“在任何一方当事人的请求下，仲裁庭应当当面同时对全部当事人进行审理”，该条款并没有禁止远程开庭;而ICC在2020年发布的应对新冠肺炎疫情影响的措施指南中,也明确规定了仲裁庭有决定是否采用远程开庭的权力,但应当极为审慎地检视案件及当事人所处背景及情况,特别是与开庭方式有关的一切因素。因此,当事人的意见也应当被包括在内。

(四)远程开庭程序下裁决的撤销与拒绝被执行

与远程开庭的合法性相关的另一个问题是,仲裁裁决是否可能因采用远程开庭而引发的各种问题被撤销或被拒绝执行。在一般情况下,远程开庭程序与一般线下开庭程序一样,其作出的裁决均可以被质疑甚至被撤销或不予执行。仲裁地的国内法会对仲裁裁决的撤销情形进行规定。例如,我国《仲裁法》第58条规定了仲裁裁决撤销的情形,其中第3款情况规定:"仲裁庭的组成或者仲裁的程序违反法定程序的。"[①]可以看出,在中国法项下,如果仲裁程序有违法律或仲裁规则的,则仲裁裁决可以被撤销。国际层面,关于因仲裁程序违反法定程序可以被撤销的情形主要以《仲裁示范法》为参考,即以"正当程序原则"为基础。《仲裁示范法》的第18条规定,仲裁当事人应当得到同等对待,都应当具有陈述各自案件的充分机会。第34(2)(a)(iv)条规定,如果仲裁程序与当事人之间的约定不符或在无

① 《仲裁法》第58条规定:"当事人提出证据证明裁决有下列情形之一的,可以向仲裁委员会所在地的中级人民法院申请撤销裁决:(一)没有仲裁协议的;(二)裁决的事项不属于仲裁协议的范围或者仲裁委员会无权仲裁的;(三)仲裁庭的组成或者仲裁的程序违反法定程序的;(四)裁决所根据的证据是伪造的;(五)对方当事人隐瞒了足以影响公正裁决的证据的;(六)仲裁员在仲裁该案时有索贿受贿,徇私舞弊,枉法裁决行为的。人民法院经组成合议庭审查核实裁决有前款规定情形之一的,应当裁定撤销。人民法院认定该裁决违背社会公共利益的,应当裁定撤销。"

约定时与《仲裁示范法》的相关规定不符,仲裁裁决可以被撤销。如果新冠肺炎疫情下的远程开庭程序违反了正当程序原则以及相关仲裁规则或法律规范,则当事人可以据此申请撤销裁决。

尽管国际仲裁的实践已经非常习惯新冠肺炎疫情下的远程开庭程序,但是从大部分当事人的角度出发,远程开庭对于他们来说是非常陌生的。根据一项调查显示,78%的仲裁参与者从未经历过远程开庭程序,另有22%的仲裁参与者并不十分清楚远程开庭程序适用于实体法律问题审理还是其他问题。① 当事人对仲裁裁决提出质疑通常是基于以下两个法律理由:第一,当事人参与案件审理的权利被剥夺或损害;第二,当事人在仲裁程序中没有受到公平的对待。具体而言,可引出两个问题:第一,一方当事人明确反对使用远程开庭但仲裁庭决定远程开庭,是否构成对当事人参与案件审理权利的剥夺;第二,远程开庭中出现技术障碍,造成开庭部分受阻,是否构成一方当事人受到不公平的对待。

对于第一个问题,在实践中远程庭审是否构成对当事人充分参与庭审权利的不尊重,必须视具体案情而定。例如,在"China National Building Material Investment v. BNK International 案"中,②中方当事人向美国法院主张反对承认和执行该仲裁裁决,原因是仲裁程序系远程开庭,未能保障其某一位证人现场出庭的权利。美国法院认为,虽然该证人因为健康原因

---

① Erica Stein, *Chapter 9: Challenges to Remote Arbitration Awardsin Setting Aside and Enforcement Proceedings*, International Arbitration and the COVID – 19 Revolution, p. 167 – 178(2020).

② W. D. Tex. 2009.

不能参与线下庭审,但是已经为其提供了包括远程出庭在内的很多措施,以保障其证人证言能够得到聆听,但由于中方当事人坚持现场庭审,不同意远程开庭。因此,证人未能参加庭审系该方当事人自己造成的,并非仲裁程序不公正所致。

对于第二个问题,如果在远程庭审过程中出现了技术问题,导致网络连接不通畅或其他问题,而仲裁庭仍在继续审理,也不一定会导致仲裁裁决被撤销。但是这说明了在远程开庭之前,检查连接、进行庭前测试并制订紧急预案的重要性。2016 年,"Sino Dragon Trading v. Noble Resources International 案"①证实了这一点。在该案的仲裁庭审中,由于网络连接等技术问题,一方当事人盘问证人的程序被打断,最后只能通过 Skype 软件提交证人证言。另外在该案庭审中,由于技术问题,仲裁庭决定用视频传播图像,而声音则通过电话会议传播;在证人交叉盘问的过程中,证人无法看到相关证据材料,并就相关证据材料进行发言;翻译人员缺少相关资质,并且最终不得不更换翻译人员;等等。然而,澳大利亚法院最终并没有撤销该裁决,理由是,尽管在仲裁过程中网络连接出现问题,证人盘问环节出现障碍等,但最终这些问题在仲裁中都被解决了,证人证言也通过书面的形式提交给仲裁庭并被充分考虑,翻译人员也最终被更换,因此最终的裁决结果并没有被上述问题所影响。

除参加庭审的权利外,一些国内仲裁法律规范还规定了仲裁当事人被

---

① [2016] FCA 1131(Federal Court of Australia).

公平对待的权利。尽管《纽约公约》第5条关于仲裁裁决可被撤销的情形中没有详细规定当事人得到公平对待的权利,但通常认为,该权利被包含在这一条款之中。当事人得到公平对待中的"公平"是相对的,主要是指不得低于其他仲裁当事人得到的待遇。例如,一方当事人的律师在盘问对方当事人时出现技术故障,造成通话效果不清晰,则此方当事人可能主张己方没有被公平对待,因为对方律师在盘问己方证人时没有出现技术故障。但是,所谓公平在实践中也只能是相对的,而无法确保双方参加庭审的条件完全一致,否则当事人甚至可能称己方不适应仲裁地的当地气温而被置于相对对方当事人而言更不利的处境。如果在仲裁程序中没有明显的不同待遇,那么当事人很难主张其受到不公正的待遇。如上文所谈及的"Sino Dragon Trading v. Noble Resources International 案",虽然澳大利亚法院最终认为,该案中的远程庭审程序没有侵犯当事人参与庭审的权利,但如果在远程庭审中,由于网络技术问题导致一方当事人比其他当事人受到的负面影响更大,则可能涉及公平对待的问题。另外,如果一方当事人通过远程开庭,而另一方当事人则到现场参加开庭,则势必会引发公平对待的问题;但现实的情形常常是,一方当事人的证人或专家无法现场参与开庭,而不得不通过远程技术参加庭审,在这种情况下,一般不会认为当事人得到公平对待的权利被侵犯,除非该等远程庭审使该证人或专家未能达到参与庭审的目的或效果,其重要意见未能发表至仲裁庭。

最后,除上文探讨的仲裁裁决的可撤销性以及执行可能存在的障碍外,新冠肺炎疫情似乎对进入执行程序的裁决没有产生实质性影响,除法院受理仲裁裁决承认与执行的流程因新冠肺炎疫情而放缓,以及执行过程中因政府管控措施而拖延等外。

四、结语——国际商事仲裁展望

新冠肺炎疫情对各国乃至世界经济发展带来了严重的消极影响,很多国家的经济纷纷进入“倒退”的状态。这一严重影响在诸多行业中得以具体显现,其中国际贸易、建设工程、航空以及金融领域较典型。我国快速实现了复工复产,2020 年保持了 GDP 2.3% 的增长率,并在 2021 年第一季度实现了 18.3% 的经济增长。[①] 对中国的仲裁机构来说,其处理国际商事仲裁案件的能力已大大提升,特别是在新冠肺炎疫情期间,贸仲、北仲和深国仲等仲裁机构迅速出台了一系列针对在新冠肺炎疫情下保障仲裁活动顺利进行的措施,并就远程庭审制订了一系列规范。

在实体法律层面,受新冠肺炎疫情直接或间接影响,在全球范围内众多企业在商事合同的履行过程中产生违约行为,部分企业希望援引不可抗力或合同受阻进行违约责任的抗辩。在国际商事仲裁活动中,仲裁庭将首先依照当事人之间的合同条款对有关问题进行审理,在当事人合同文本中缺少不可抗力条款的情况下,仲裁庭将进一步依据该争议所适用的实体法来对当事人的行为后果进行考察。并且,即便当事人已经证明不可抗力事件本身满足不可预见、不可避免、不可克服 3 个要件之外,当事人还需对不

---

① 参见官方统计数据,载国家统计局官网,https://data.stats.gov.cn/search.htm? s = GDP。

可抗力与违约之间的因果关系、是否曾将不可抗力事件及时通知对方当事人、是否已经尝试补救等方面加以证明,方可真正免除违约责任。在当前新冠肺炎疫情尚未结束、各国各地均有可能随时出现管控措施而影响履约的情况下,这无疑对当事人的业务能力和法律素质提出了更高要求。

在仲裁程序以及审理方式的层面,由于一系列的违约行为以及纠纷给国内以及国际的商事仲裁机构带来了较大负担,为应对新冠肺炎疫情的影响,各大商事仲裁结构纷纷出台应对措施,远程开庭等互联网信息技术得以全面应用。同时,远程开庭等措施也给仲裁程序留下了被质疑的空间,是否需要以当事人的同意为前提、仲裁庭的权力与当事人权利之间的关系如何平衡等问题又一次成为众人讨论的焦点。特别是奥地利最高法院对远程开庭程序问题作出的第一个裁定,使人们对于新冠肺炎疫情下当事人的程序性权利有了更加深刻的认识。

尽管如此,不可否认的是,远程开庭正在不断地被更多的仲裁机构采用,并且将远程庭审的一系列规范在其仲裁规则中进行详细规定,被更多的仲裁用户所接受,甚至成为案件当事人的主动选择。随着技术被不断运用,人们能够更加深刻地体会目前技术对庭审效果带来的局限性,社会学研究者将这一局限性称为"Zoom 软件的疲劳",即人们在使用 Zoom 软件时往往会感觉一种距离感以及其表达效果被限制的感觉。① 这一局限性

① Ema Vidak-Gojkovic & Michael McIlwrath, *Chapter* 11:*The COVID - 19 Revolution*:*The Future of International Arbitration is Not Over Yet*, International Arbitration and the COVID - 19 Revolution, p. 191 - 202(2020).

源于人们通过视频渠道处理信息的方式。在视频会议中,我们面对的是摄像头与屏幕,而在现实生活中,我们面对的是一个个鲜活的人,这两种接受信息的模式是截然不同的,人们面对屏幕会逐渐产生疲劳感。在“后疫情时期”,人们会对解决上述局限性问题表现出强烈需求,而需求存在的扩大,无疑能够使技术更加进步,并更加有针对性地为跨国争议解决程序,特别是国际商事仲裁活动服务。未来,远程庭审技术的进步甚至有可能为仲裁庭和当事人创造出共处一室的感觉——并不再受制于屏幕大小、网络延迟等技术问题,在复杂的、涉及多方当事人的案件中,当事人(及其代理律师)口头陈述、证人盘问、专家发表意见、证据质证等环节可以更加自如地进行。

在技术方面,还应注意到电子签名、电子送达与电子卷宗等工具的使用正在不断扩大;这一现象与远程开庭使用频率快速增长同步,为远程庭审提供辅助服务的市场(如提供远程开庭平台、提供电子卷宗制作、提供在线开庭速录等服务市场)也呈繁荣态势。

在仲裁庭审理案件的模式上,由于远程庭审技术尚且不完善,在庭审过程或整个仲裁程序中技术可能出现差池,因此对仲裁庭来说,重要的是在技术稳定的情况下尽快推进案件进程,以免出现影响仲裁效力的风险。在未来,仲裁庭可能更加注重庭前会议,更加集中地确定争议焦点问题。对于较复杂的案件,仲裁庭可能会更加频繁地进行分阶段审理,并更加频繁地制作部分裁决书(partial award)。由于远程庭审中提交、查阅案件材料的不便,仲裁庭可能会寻求其他替代方式或使用其他新型技术用于案件材料的提交和审查。仲裁庭可能会更加注重证人盘问和专家意见出具的组织性和系统性。更加频繁地使用简易程序,更加频繁地使用紧急程序等。①

综合上述对于新冠肺炎疫情下国际商事仲裁的种种探讨,可以清晰地发现想要追寻一种统一的、万能的方法或路径,将新冠肺炎疫情对国际商事仲裁的影响进行归纳是不切实际的,而是应当按照个案分析的思路,将每一个具体案件中所遇到的情形加以考虑,一方面,分析因新冠肺炎疫情引起的商事争议的实体法律问题;另一方面,分析如何确保因新冠肺炎疫情给仲裁程序安排带来的变动是正当且合理的。在不断总结个案经验的基础上,我们相信,国际仲裁业界为处理因新冠肺炎疫情引发的争议而积累的经验,为应对新冠肺炎疫情对仲裁程序的影响而采取的各种应对措施,必将成为国际商事仲裁事业发展进步史上的重要一页。

① Ema Vidak-Gojkovic & Michael McIlwrath, *Chapter* 11: *The COVID - 19 Revolution: The Future of International Arbitration is Not Over Yet*, International Arbitration and the COVID - 19 Revolution, p. 191 - 202(2020).

第三章　金融类仲裁案件特别观察

第一节　2020~2021年金融类仲裁案件概览

一、商事仲裁视角下的金融争议

(一)"金融类仲裁案件"理解与认知

金融类仲裁案件,是指具有金融属性且采用仲裁方式处理的案件,而金融属性一般体现在主体及交易两个方面。本书对金融主体的定义采取广义概念,即金融主体包括持牌金融机构、"7+4"类金融机构以及私募基金管理人(以下合称类金融机构)。其中,"7+4"类金融机构,具体是指小额贷款公司、融资担保公司、区域性股权市场、典当行、融资租赁公司、商业保理公司、地方资产管理公司以及投资公司、农民专业合作社、社会众筹机构、地方各类交易所。

根据我国现行《中国国际经济贸易仲裁委员会金融争议仲裁规则》(以下简称《贸仲金融仲裁规则》)第2条第2款的规定,金融交易,是指金融机构之间以及金融机构与其他法人和自然人之间在货币市场、资本市场、外汇市场、黄金市场和保险市场上所发生的本外币资金融通、本外币各项金融工具和单据的转让、买卖等金融交易,包括但不限于贷款、存单、担保、信用证、票据、基金交易和基金托管、债券、托收和外汇汇款、保理、银行间的偿付约定、证券和期货等交易行为。

根据上述分析,符合以下情形之一的仲裁案件可归类为金融类仲裁案件:(1)金融主体为一方当事人;(2)基于金融交易的合同签署、履行发生的争议,如银行、信托、证券、基金、保险、资产管理等。

(二)2020 ~2021 年金融类仲裁案件量化分析

关于金融类仲裁案件的数量和整体特点,我们以贸仲为例进行分析。2020 年,贸仲受案总量为 3615 件,其中已经出具仲裁裁决的金融类仲裁案件共 217 件,其中总会 118 件,分会 99 件,占贸仲全年案件比重的 6% 。

在上述贸仲金融类仲裁案件中,争议量前 3 位的机构类型分别为基金管理人、基金托管人和证券公司,争议量前 3 位的合同类型分别为基金合同纠纷、债券合同纠纷、借款合同纠纷。这 3 类纠纷案件数量较多的原因可能有以下 3 点:一是这 3 类金融业务均为常规金融业务,业务量较大,争议案件的数量也相对较多;二是这 3 类金融业务较成熟,合同条款约定也较明确、规范,各方对于争议的分歧一般不大,通过仲裁程序快速解决纠纷符合各方利益,避免了不必要的诉累,提高了争议解决效率;三是这 3 类金融业务由于其业务量大,一旦发生纠纷极易引发传导效应,通过诉讼解决无法避免裁判文书公开后对于当事人信誉、形象产生的影响。因此,当事人往往倾向选择仲裁。

从争议标的金额来看,争议标的金额在1亿元以上的案件占全部金融类仲裁案件的比重约为10%,主要集中在债券合同纠纷案件,涉及的机构主要为银行、农信社等资金端(申请人)、证券公司(被申请人),主要争议焦点为申请人银行与被申请人证券公司开展债券逆回购业务,被申请人向申请人卖出或出质债券获得融资款项,约定债券到期结算日,双方应进行反向交易,即被申请人向申请人支付到期结算金额(归还融资本息),同时申请人向被申请人返还债券。被申请人到期无法归还融资本息赎回债券即构成违约。在该类案件中,申请人据以提起仲裁的主协议是由中国银行间市场交易商协会发布的标准协议,银行间债券市场成员在进行银行间债券市场债券质押式回购交易和/或买断式回购交易前,必须签署主协议。主协议约定的争议解决方式是在贸仲进行仲裁,仲裁地为北京,而银行间市场交易金额一般较大,而其他数量较多的金融类仲裁案件如基金合同纠纷、资产管理合同纠纷等标的额较小,导致债券合同纠纷案件在标的金额1亿元以上的案件中占较大比重。

二、金融类仲裁案件类型化特点

(一)行业覆盖广但类别相对集中

金融类仲裁案件基本覆盖全部持牌金融机构和类金融机构,涉及的行业较广,包括银行、信托、证券、基金、保险、资产管理等。但争议相对多发的机构类型也相对集中,并由此导致争议纠纷类别相对集中,比如,金融类仲裁案件常发于基金类纠纷。基金类案件的申请人多为投资者,被申请人多为基金管理人及托管人,在合同约定的基金到期日后投资者无法收回本金及投资收益,遂以基金管理人或基金托管人作为被申请人提起仲裁。该类案件的争议焦点为:基金管理人是否履行了投资者适当性管理义务;基金管理人对基金的宣传推介是否存在虚假记录、误导性陈述;基金运作是否符合合同约定;基金托管人是否尽到审慎注意义务;基金的信息披露是否符合合同约定等。仲裁中,各被申请人的抗辩理由也较类似,呈定型化倾向,抗辩理由多为管理人已根据合同约定进行基金投资管理,不存在违规违约行为,投资者的损失与管理人的行为无因果关系,不应承担连带赔偿责任等。

(二)涉及机构多但类案相对集中

金融类仲裁案件涉及众多持牌机构或类金融机构。但实际上,经常发生同一机构的多个案件同时进行仲裁的情形,比如,债券质押式回购同一交易对手可能发生多个案件,或者多个投资者针对同一私募基金管理人或托管人提起仲裁。可能的原因是:第一,单个机构甚至单个产品、合同涉及的投资者众多,而涉及同一机构的合同往往约定相同的仲裁机构;第二,金融风险具有传导效应,如果机构的某个产品、合同出现大规模违约,会影响机构本身的履约能力和信用,从而对该机构其他产品、合同的继续履行产生不利影响,导致风险传导。

(三)单案标的分散但标的总额较大

金融类仲裁案件呈现小额、分散的特点,即单个案件标的可能不大,但同样性质或同一主体争议累计案件金额可能巨大。以争议量最大的基金合同纠纷为例,投资者进行仲裁的标的金额集中在100万~300万元,相较债券合同纠纷几亿元、十几亿元的标的金额而言并不算大,但由于同类案件数量较多,如果将同类案件合并计算,则累计标的金额同样非常大。

综上所述,金融争议有以下不同于其他类别争议的特点:首先,现代金融通常都是依靠加快资金流动和资金融通速度来获利并拓展业务渠道的,金融行业的时间成本、资金成本和机会成本要远高于其他行业,旷日持久、悬而未决的纠纷有时对金融机构的影响甚至比一场失利的纠纷还要大,因此,金融争议解决对时间和效率的要求要远远高于其他类型的争议;其次,随着信息技术的发展、金融业的市场化和国际化,金融争议所涉及的技术问题和法律问题越来越复杂,专业化程度越来越高,这对争议解决人员的专业素质有相当高的要求;最后,金融争议往往涉及诸多方面的利益,一旦发生争议会产生较大的风险传导效应,当事人基于长期利益、信誉的考虑,一般不太愿意将纠纷公布于众,故对金融争议解决的保密性要求较高。

基于金融争议的上述特点,与传统诉讼的争议解决方式相比,金融仲裁具有独立、快捷、专业、保密、灵活、经济等优势,能够更好地体现当事人的意思自治,在解决金融争议方面具有非常突出的优势。根据金融类仲裁案件的数量、标的金额逐年递增的趋势,也能够侧面佐证仲裁程序在金融争议解决方面的优势已经越来越得到市场主体的认可。

第二节　金融类仲裁案件主要争议类型及热点难点问题

一、面向资金端的争议——以投资者为相对方的责任问题

（一）管理人履行投资者适当性审查义务的认定及责任承担

自2017年7月1日起，证监会实施的《证券期货投资者适当性管理办法》（以下简称《管理办法》）首次明确了基金管理人应当遵守投资者适当性管理的要求，经营机构应就销售过程中违反适当性义务的行为承担法律责任。与此同时，2017年7月1日，中国证券投资基金业协会实施的《基金募集机构投资者适当性管理实施指引（试行）》就基金领域的投资者适当性管理进行了细化规定。

在实践操作中，如何认定管理人履行了投资者适当性审查义务、管理人进行了投资者适当性审查应实质审查还是形式审查等问题一直没有解决，对此，《全国法院民商事审判工作会议纪要》（以下简称《九民纪要》）首先明确了适当性义务是指卖方机构推介、销售高风险等级金融产品必须履行的了解客户、了解产品、将适当的产品（或者服务）销售（或者提供）给适合的金融消费者等义务。根据《九民纪要》的表述，适当性义务是卖方机构为实现“适当产品销售给适合的金融消费者”这一目标而需要履行的一系列义务，至少包括产品风险等级评估、投资者风险承受能力评估和风险提示义务。根据《九民纪要》的规定，卖方机构对其是否履行了适当性义

务承担举证责任,应提供其已经建立了金融产品(或者服务)的风险评估及相应管理制度,对金融消费者的风险认知、风险偏好和风险承受能力进行了测试以及向金融消费者告知产品(或者服务)的收益和主要风险因素等相关证据。

此外,就管理人进行投资者适当性审查应实质审查还是形式审查的问题,根据《九民纪要》中关于"卖方机构简单地以金融消费者手写了诸如'本人明确知悉可能存在本金损失风险'等内容主张其已经履行了告知说明义务,不能提供其他相关证据的,人民法院对其抗辩理由不予支持""卖方机构能够举证证明根据金融消费者的既往投资经验、受教育程度等事实,适当性义务的违反并未影响金融消费者作出自主决定的,对其关于应当由金融消费者自负投资风险的抗辩理由,人民法院依法予以支持"的规定来看,实质性审查是司法裁判的主流观点,这也与"卖者尽责、买者自负"的原则相适应。

例如,在一起仲裁案件中,仲裁庭认为,从表面上看,被申请人履行了投资者风险承受能力调查程序,申请人属于私募基金合格投资者,其认购的基金为稳健型基金产品,未超出其风险承受能力。但是,仔细考量被申请人后续的投资行为,已实质上使申请人成为不适当投资者:首先,《基金合同》将该基金风险收益特征描述为"本基金具有较高收益较高风险的特征;主要适合于愿意承担一定风险、追求较高收益的稳健型投资者"。但按照通常的理解和行业通识,所谓的"稳健型投资者"并不适合承担过高风险、其对本金的安全性有较高要求。其次,被申请人的投资决策和投资行为并不稳健，其将案涉基金项目财产全部投资于“Y资产管理计划”，且全部投资进取级份额，属于特别激进的高风险投资行为，未采取有效风险防范和控制措施，极有可能亏损甚至损失全部本金，与前述风险收益特征所谓适合“稳健型投资者”的描述不相符。故被申请人后续的投资行为，并未能严格按照《基金合同》约定的风险收益特征执行，导致案涉基金项目产品实际的风险收益特征与申请人的风险承受能力并不匹配，实际上是向风险承受能力有限的投资者销售了一款风险极高的基金产品，违反了其应当履行的适当性义务。

综上所述，《九民纪要》明确，“买者自负”以“卖者尽责”为大前提。这意味着，管理人如在资金募集环节中未尽适当性义务以及告知说明义务，便应当对投资损失承担赔偿责任。在实务中，一旦发生纠纷，管理人募集行为的合规性往往会成为各方的争议焦点，投资者倾向将管理人的这些行为放在“放大镜”甚至“显微镜”下进行审查，合规性将受到近乎苛刻的考验。以下方面是发生争议时，裁判机关审查和考量管理人是否尽责的主要内容：

其一，管理人是否主动审查代销机构募集流程的合规性。《九民纪要》明确金融消费者既可以请求金融产品的发行人承担赔偿责任，也可以请求金融产品的销售者承担赔偿责任，还可以请求金融产品的发行人、销售者共同承担连带赔偿责任；发行人、销售者请求人民法院明确各自责任份额的，人民法院可以在判决发行人、销售者对金融消费者承担连带赔偿责任的同时，明确发行人、销售者在实际承担了赔偿责任后，有权向责任方追偿其应当承担的赔偿份额。因此,存在管理人因代销机构违规而承担连带赔偿责任的情形。此时,管理人是否能够举证证明其已对代销机构募集流程合规性进行了主动审查,对认定管理人承担的赔偿份额来说尤为重要。

其二,管理人是否审查宣传推介文件、基金合同及实际投资内容的一致性。在实践中,基金合同及实际投资内容与推介文件内容的不一致,是投资者起诉管理人的主要原因。因此,管理人是否严格并全面审查宣传推介文件与基金合同及实际投资内容的一致性,是仲裁考量的管理人责任的要素之一。审查范围不限于备案用《招募说明书》、管理人签章文件、纸质宣传册、项目 PPT、网站或 App 信息展示页、邮件或通信沟通记录等。

其三,管理人的举证是否完善。《九民纪要》强调了管理人应当举证证明其已适当履行了全部责任和义务,否则需承担不利法律后果。鉴于此,管理人自身在募集环节的档案证据留存工作是否完善,通常是与其举证完备程度密切关联的要素之一。

(二)资管产品管理人责任问题

管理人的投后管理义务基于不同的资产管理产品类型主要通过合同条款来约定,抽象成一个共同的法律义务,可归纳为“受人之托、代人理财”以及“勤勉尽责”的法律义务。

管理人投后管理义务的履行情况直接影响资管产品的运营情况,也可能直接导致资管产品的非正常终止,是资管产品管理人履行信义义务的重要环节，也是管理人义务最容易被忽视的环节。在实践操作中，投资者与管理人经常在信息披露义务、及时止损义务、增信担保有效性等方面产生分歧，而上述管理人义务的履行情况也可能会直接影响资管产品的收益分配。

1. 管理人未能披露利益冲突和重大信息

在实践中，仍然存在管理人不按照合同约定披露利益冲突或重大信息的问题。例如，管理人不定期披露产品净值，但不披露其将基金财产全部投资于关联方资产管理计划的份额，且兼任该计划投资顾问并收取投资顾问费的情况等，其中典型的判例如下：

(1)某机构投资者与管理人之间关于基金合同纠纷仲裁案件

申请人主张，被申请人未向申请人披露其将基金募集资金作为劣后级，并通过投资结构化的合伙型基金方式进行投资，且投资后恶意隐瞒真实情况，未尽到信息披露义务。仲裁庭认为，在基金募集资金投资的合伙型基金中存在结构化安排，且事关申请人重大权益，被申请人应在申请人签署投资合伙型基金相关协议前向申请人披露，被申请人在投资事实形成后向申请人披露合伙型基金的结构化安排，不构成法律、行业规范性文件和基金合同约定的信息披露尽职义务。被申请人未尽该信息披露义务，在申请人不知悉合伙型基金结构化安排的情况下进行的投资，致使申请人权益受损的，被申请人应承担申请人因此遭受的损失。

(2)"彭某等营业信托纠纷案"①

在该案中,法院认为,就触及预警线后,应以录音电话或传真形式通知受益人。在诉讼过程中,信托公司表示,其委托投资顾问通知受益人,投资顾问则表示其已口头通知了各受益人,但上述受益人否认收到该通知。虽部分投资者在触及预警线后确实追加了增强资金,但并不能就此证明信托公司以合同约定形式对所有投资者履行了通知义务。因此,即便信托公司履行了通知义务,其通知形式也不符合合同约定。信托公司未能提交证据证明其按照规定时间在触及预警线之日16时30分以前通知了各受益人。因此,信托公司履行的通知义务不符合合同约定,存在违约行为。即使某信托公司主张,其完成了在网站就信托单位净值进行公布的义务,其亦无证据证明已经按照合同约定每月向委托人和受益人寄送单位净值披露的书面材料。虽然相关违约行为并未直接对应信托财产管理,但也属于相关损失形成的间接原因,应当由信托公司就其因违约及违反受托人义务造成的损失承担全部责任。

2. 管理人未履行其他投后管理义务问题

除信息披露义务外,管理人可能还需承担其他职责,如及时止损、及时要求资产方增加担保措施等,如管理人未履行其他投后管理义务,亦需面临损害赔偿的问题,其中典型判例如下:

① (2018)京03民终13862号。

(1)管理人未确保增信措施的持续有效

在“东北证券股份有限公司、吉林敦化农村商业银行股份有限公司合同纠纷案”中,[①]二审法院认为,证券公司作为资产管理人在未经委托人同意的情况下擅自解除对案涉股票的质押,违反资产管理人受托理财时应诚实守信、审慎尽责,保护委托资产安全等资管合同约定的义务,与资本市场专业管理人应遵守的基本执业操守相悖,构成违约,依法应承担相应的违约赔偿责任。该行为导致委托人丧失了就质押的800万股股票行使质权而优先受偿的权利,应在该股票价值范围内承担相应的赔偿责任。

(2)管理人未及时止损

在“北京锋达资产管理中心(有限合伙)与王某某委托理财合同纠纷案”中,[②]二审法院认为,在合同实际履行的过程中,当股票基金单位达到预警线0.94元以及止损线0.9元时,基金管理公司并未按照合同约定及时进行预警操作,亦未进行相应的止损操作。基金管理公司怠于履行合同义务及管理人职责,直接导致了原告遭受了相应的经济损失。

(3)管理人未勤勉跟进底层资产状况

在“初某某与恒泰证券股份有限公司案”中,[③]一审法院认为,目标公司未能挂牌成功,是由被告方不能控制的监管政策发生重大变化所致,原告遭受损失实际是一种“必然性”而非“可能性”的损失,在不能证明因被

① (2018)最高法民终363号。
② (2018)京03民终11785号。
③ (2018)内0102民初3575号。

告违法、违规、违约行为导致委托遭受损失的情况下,原告诉请既无事实基础,也无法律、法规依据和合同基础,故证据不足,不能成立。

(4)管理人违反法定履职或尽职义务与投资者的损失之间是否存在因果关系

在“甘孜州农村信用联社股份有限公司、四川科亨矿业(集团)有限公司合同纠纷案”中,[①]最高人民法院认为,判断该案所涉资产投资运作管理的管理人以及信托合同的受托人应否承担相应民事责任的核心要件在于,管理人或受托人是否违反了当事人之间相关合同约定或者法律法规的相关规定,是否存在违约或过失行为并承担相应的民事赔偿责任……根据法律法规的有关规定,原《合同法》、《信托法》以及金融监管部门有关规范性文件规定,委托合同或信托合同中受托人应承担的法定履职和尽职义务,即使当事人之间所签订的合同未作约定,如受托人违反该法定履职或尽职义务并因其过失给委托人造成损失的,亦应根据其过错情形承担相应的民事责任。该案上诉人并未举证证明损失的具体情况,亦未证明管理人、受托人在履行委托合同、信托合同中存在的过失情形,以及该过失与所造成损失之间的因果关系。故上诉人所提出的,因被上诉人违反法定义务给其造成损失应予赔偿的上诉理由,法院不予支持。

(5)关于平仓时点的争议

在某仲裁委受理的“某投资者与信托公司关于信托投资纠纷仲裁案”

---

① (2017)最高法民终880号。

中，仲裁庭认为，强制平仓是证券期货市场针对杠杆交易或者保证金交易的高收益高风险属性而设立的一种风险控制措施，执行时面对的是市场的不确定性，过早或者过迟平仓，都会因平仓标的的反向表现而引起争执。因此，执行强制平仓应当以当事人的约定为基础，不宜以事后的市场行情表现判断平仓的时点、数额乃至价格的合理性。在信托计划存续过程中，被申请人所执行的强制平仓操作，履行的信息披露及清算分配义务，符合《信托文件》的约定。因此，驳回申请人的仲裁请求。

从上述案例可以看出，与认定管理人是否已经充分履行信息披露义务相类似的是，在认定管理人履行投后管理义务是否违约方面，裁判机构将合同约定与法律、行政法规以及监管规范相结合认定，投资者所遭受的损失与管理人违约或违反法定义务的因果关系的举证责任多由投资者承担。

综上所述，资管合同是管理人履行管理责任的依据，在认定管理人是否已经充分履行管理人义务方面，裁判机构往往将合同约定与法律、行政法规以及监管规范结合认定，管理人勤勉尽责履行管理人义务的举证责任多由管理人承担，投资者所遭受损失与管理人违约或违反法定义务的因果关系的举证责任多由投资者承担。

在认定管理人是否须因部分或完全未履行信息披露义务而需承担责任以及管理人需承担责任、所需承担责任的比例方面，裁判机构主要以违反管理人义务与投资者损失之间是否存在因果关系为考量依据。对于违背管理人义务行为直接给投资者造成损失的，或者造成投资者损失扩大的，管理人往往承担大部分的责任或者全部责任。就损失的计算标准而言,裁判机构一般认为有约定的从约定。

(三)资管产品托管人责任问题

1. 托管人的法定职责

综合各资管产品所涉监管规定,托管人所承担的一般责任如下:

(1)安全保管基金财产

托管人应安全保管托管账户内的财产,确保托管财产与托管人、管理人/受托人的固有财产以及管理人/受托人受托管理的其他财产、托管人保管的其他财产相区分和隔离。

(2)监督管理人/受托人投资运作

托管人须审核管理人/受托人的投资指令是否符合合同约定的投资范围,并相应地进行资金划付。托管人可以要求管理人/受托人提供投资指令(如有)、相关交易凭证、合同或其他有效会计资料,以确保托管人有足够的资料判断指令的有效性。

通常为形式审核,具体为:①审核管理人/受托人指令的形式有效性,包括核对指令加盖印鉴与预留的授权人员印鉴的形式一致性,以确保指令是管理人/受托人发出的;②审核指令要素的形式齐备性,包括划款资金数额、账号信息、资金用途等,以确保指令可执行;③审核指令载明的投资用途是否符合合同约定的投资范围,并留存相应的证明材料(如投资协议、费用票据等),以防止管理人/受托人挪用、滥用资金。

(3)对投资者进行信息披露

托管人须复核、审查托管资产净值,并按照合同要求形成托管报告,由管理人/受托人或托管人对投资者进行信息披露。

(4)对受托人/管理人计算的托管资产财务数据进行复核

托管人须对托管资产的资产、负债等会计要素进行确认、计量,复核受托人/管理人计算的托管资产财务数据。

2. 托管人涉诉承担责任成因分析

在实践中,托管人涉诉的相关案例多以投资者为原告,同时对管理人和托管人提起诉讼,仅以托管人为被告的案例较少。法院和仲裁判决托管人不承担相应责任的案例较多,判决托管人承担部分责任或连带责任的案例较少,其中,托管人担责的相关原因可作如下类型化归纳:

(1)托管人未妥善履行对管理人基金财产投资运作的监督义务

基金托管人风险意识较弱、风险防范措施效果较差,基金托管人对基金管理人未完全履行风控措施、资管产品债务人破产的事实毫不知情,其行为与投资者遭受损失具有关联性。裁判认为,托管机构作为国家批准开展私募投资基金综合托管业务的金融证券机构,对稳定、净化金融市场,防范金融风险负有相应的社会责任和义务。如果私募投资基金托管人能够增强风险意识,加强防范措施,不仅能够减少或避免风险的发生,而且符合社会大众的期望,故基于托管人的过失,法院判决,托管人对投资者基金财产的实际损失部分,承担15%的补充赔偿责任。

(2)托管人拒绝履行盖章义务依据不足

基金托管人的职责范围应当以相关法律法规的明确规定以及基金合同、托管合同的具体约定为限,基金托管人作为合同当事人有配合完成基金合同签署的义务。基金托管人从忠于投资者利益的角度出发,对加盖有其银行印章的合同进行管理,并要求投资者回寄已经使用的合同,具有一定的合理性,但不能以投资者未退还合同为由拒不履行加盖印章的义务。裁判机关以基金托管人拒绝履行盖章义务依据不足为由,判决基金托管人以收取托管费为限,向投资者赔付因此遭受的损失。

(3)托管人未妥善履行信息披露义务

根据我国《证券投资基金法》第96条、《私募投资基金监督管理暂行办法》第24条及基金合同中有关信息披露的条款,基金资金的划款指令以及托管人执行划款指令的银行记录等,系投资者有权了解的基金资金管理、运用、处分及收支的内容,也属于管理人、托管人应当向投资者披露的基金财产运作信息、与基金托管业务有关的信息。裁判机关以托管人未妥善履行信息披露义务为由,判决托管人向投资者承担相应的基金托管业务信息披露义务。

(4)托管人在基金成立条件未成就的前提下,违反合同约定执行管理人投资指令

按照合同约定,若涉案基金的成立条件并未成就,则基金托管人不能履行职责,且基金管理人应当依约返还投资者已缴纳的款项。但是,在基金托管人明知基金成立条件远未成就的情况下,未能按照上述法律、部门规章的规定及合同约定履行监督职责,且并未及时提示基金管理人违规风险,依法履行通知基金管理人等程序,也未跟进基金管理人的后续处理,仍然按照基金已正常成立的情况执行基金管理人的投资指令,故法院认定,

托管人怠于履行法律及合同义务，构成违约。考虑到基金托管人的主要职责在于，基金财产的保管、清算交割、投资监督、信息披露等，其不参与基金财产的投资运作，基金托管人承担的责任界限也应当与基金管理人相区别，在尽可能保障投资者合法权益的同时，不应过分加重托管人的责任。故为贯彻民法公平原则和权利与义务、过错与责任相一致的一般原则，综合考量托管人等当事人的过错程度、对造成损失的影响以及与投资者所遭受损失间的因果关系等因素，裁判机关酌定，托管人对投资者的损失承担15%的补充赔偿责任。

(5)托管人在资管计划未备案的情况下执行管理人投资指令

托管人发现管理人的投资指令违反法律、行政法规和其他有关规定，或者违反《交易监控合规表》约定的，有权拒绝执行，并通知资产管理人及报告中国证监会。在资产管理计划未备案，显然违反了相关法律、规定的情况下，托管人应当掌握备案情况，并在未备案时拒绝执行指令。此外，托管人关于“安全保管资产管理计划财产”的义务贯穿整个合同履行的始终，该义务不应仅局限于对管理人发出的指令进行审查，还须包括对管理人是否业已获得“独立管理和运用资产管理计划财产”的权利、是否获得向托管人发出指令的权利进行审查。基于托管人未妥善履行对资金的监管义务，在资产管理计划未备案的情况下，依据管理人的指令将所监管资金汇出，造成资金流失的，裁判机关判令托管人对流失的资金承担补充赔偿责任。

(6)对于投资者的损失,托管人未提供其谨慎勤勉尽责的相关证据

在托管人接收了投资者转存的投资款,但未提供谨慎勤勉地尽到托管人义务相关证据的事实前提下,庭审中亦未能对托管基金的投资记录、收益分配以及回赎情况作出说明,无法证实其已按照合同约定或法律规定向投资者履行了基金报告复核、信息披露等义务,特别是在中国证券投资基金业协会公告基金管理人失联(异常)状态,基金产品应披露未披露月报的情况下,仍未尽到审查基金资产净值、监督投资运作、召集投资者代表大会等义务,即未履行基金托管人的任何重要义务,属于严重失职或者积极帮助行为,造成了投资者的投资款损失。因此,裁判机关判令其应依法承担民事赔偿责任。

3.裁判机关考量托管人担责的要素分析

(1)托管人是否对管理人资质进行了必要审核

托管,顾名思义受托管理,先有“托”,才能“管”。委托不是单方行为,而应该是委托方和受托方双向选择的结果。即使管理人在一定程度上具备优势地位,托管人在接受委托前做好充分的背景调查也是十分必要的。因此,托管人是否对管理人的审查有明确的内部审查标准,是否对管理人的机构信誉、履约能力进行充分地调查和判断,通常是裁判机关判断托管人是否尽职履责的起点。接受委托后,为切实防范风险、强化风险应对能力,托管人除依据托管合同约定履行受托职责外,还应继续对管理人的新闻舆情、涉诉情况等保持高度关注。

(2)托管合同中关于托管人职责的约定

前文已经梳理了法律、法规及行业自律规范中对托管人职责作出的规定及限制。基金托管人的主要职责在于托管财产的保管、清算交割、投资监督、信息披露等,并不参与托管财产的投资运作。

裁判机关认定,托管人的义务履行情况高度依赖托管合同约定,判决托管人承担赔偿责任的基础亦是因其违法了案涉托管合同的具体约定,所以,如果托管合同对托管人的义务存在约定不清、履行不能,甚至职责内容违反法律法规、自律性规范的要求时,均会给托管人后续的合同义务履行埋下隐患,甚至对合同效力产生不利影响,故托管合同中托管人的义务条款设置至关重要。

一方面,是明确职责边界,中国银行业协会《商业银行资产托管业务指引》第15条明确,托管人不承担除法律规定和合同约定的自身应尽职责外的连带责任,托管人在起草、审查基金合同及托管合同时,应充分考虑受托事项内容及范围,从“必须为”和“可以为”两方面明晰职责边界;另一方面,是明确履职方式,区分主动和被动履职事项,区分起草义务与复核义务,区分形式审查与实质审查。

(3)托管人是否恪守托管合同中的托管人义务

合同约定重在执行,在做到“义务约定不越界”的前提下,还要做到“义务履行不逾矩”。

托管合同一经签订即进入履行环节,托管人履职的相关争议也主要发生在托管合同的履行过程中。尽管管理人/受托人投资失败、经营不善、资金挪用等是造成投资者损失的主要原因,但很多投资者依旧会向法院主张托管人没有严格按照托管合同约定尽到托管义务或托管人履行托管义务时存在瑕疵。

对此,托管人只有严格按照托管合同约定履职,并保留底档资料,才能在仲裁过程中向仲裁庭提交足以支撑己方观点的证据材料,证明己方系按照托管合同约定及管理人/受托人指令作出或不作出相关行为,降低因履行或不履行某义务而被认为违反托管合同义务进而被裁决承担赔偿责任的风险。

(四)刚性兑付(保本保收益承诺)的相关问题

1.刚性兑付的定义和背景

刚性兑付,就资产管理业务而言,主要是指当投资者所投资的资产管理产品无法基于其自身运作或处置资产的方式实现按照产品合同约定向投资者分配投资本金和收益时,由管理人或其他相关主体对投资者本金和收益予以补足的行为。

刚性兑付其实是现阶段资产管理业务中的特殊存在,在一定程度上也反映了现阶段资产管理业务的现状。任何问题的产生,必有其源起,就刚性兑付而言,则是由于新兴资产管理行业的蓬勃发展与市场投资者的投资信心、投资认知和风险抵御能力等因素的严重不对等所造成的。资产管理行业发展之初,投资者信息缺乏以及行业的竞争激烈,使不少管理人为了发展需要以各种形式承诺投资者的本金和收益能按时回收,以此作为产品卖点,实质上是一种“资本换人心”的行为,但也培养了投资者对行业的错误认知和不当的投资习惯。以资管产品中最典型的信托产品为例，甚至时至今日，投资者购买信托产品的一个重要原因仍是，信托公司真的会在产品出现风险进行刚性兑付，对投资者来说，这类信托产品就是收益率远高于银行存款、国债等产品的另一个固定收益类产品而已。

而从国家和资管产品管理人的角度，刚性兑付行为的最重要问题其实在于，金融产品风险的承担者由投资者转移到管理人，同时考虑到有相当大一部分管理人国企金融机构背景的身份，这种风险的转移和集聚，在最严重情况下，可能对国家整体金融体系产生重大不利影响，而这也就是金融机构系统性风险的由来。

2. 刚性兑付的划分和常规的交易方式

(1)刚性兑付的划分

从文义解释的角度出发，可以将刚性兑付划分为广义的刚性兑付和狭义的刚性兑付。其中，广义的刚性兑付可以定义为资产管理产品全流程中的参与主体或其他相关主体所进行的兑付行为，除通常所说的管理人（包括管理人自身或主导的其他资金或产品）外，还可以包括交易对手（含实际控制方或对其有重要影响力主体等）、产品销售主体（如代销机构）等；狭义的刚性兑付通常仅仅局限于管理人的兑付行为。在金融监管的语境下，在更多场景中讨论的刚性兑付其实是狭义的刚性兑付。

需要特别说明的是，在广义的刚性兑付中，并不是全部兑付行为均属于违规行为，因此对具体刚性兑付行为的界定仍不可一概而论，而需结合实质的兑付主体和方式进行区别认定。

(2)常规交易方式及背后逻辑

从广义的刚性兑付来看,按照上述所明确的3个维度来区分不同的交易方式。

其一,是资管产品管理人刚性兑付。普遍意义上说的管理人,主要是指私募资产管理产品的管理机构,通常包括信托公司、证券公司、期货公司、保险公司及该等公司所设立的专门从事资产管理业务的子公司等,在业务开展中受到中国人民银行、银保监会、证监会等监管机构的行业监管以及受基金业协会、信托业协会等行业协会自律管理。

作为资管产品的设立、发行及管理主体,管理人处于资管产品中核心地位的一方,其同时将面临来自交易对手和投资者的双重压力。一般而言,管理人的刚性兑付行为以保全自身业务声誉为主,从而避免出现因为某只产品的兑付不能,让投资者对管理人的管理能力产生质疑,从而削弱管理人的业内竞争力,影响后续产品的发行。

同时,管理人的刚性兑付行为也是资管行业中多数管理人管理不当的缩影,在过往多数资管产品中,部分管理人实质上未能依法合规地尽到"卖者尽责"的基本要求。因此,往往通过刚性兑付行为,规避潜在的投资者投诉和监管部门对相关产品中管理人职责的核查。

常见的刚性兑付方式包括管理人(或其关联方)直接以自有资金予以兑付、管理人通过发行其他资产管理产品(通常该产品由管理人或其关联方自行作为投资者认购)承接投资者所持有的资产管理产品份额(买断份额)形式实现兑付、管理人通过设置产品池实现用后发行的产品资金兑付在先产品(资金池形式)等;同时,《关于规范金融机构资产管理业务的指导意见》(以下简称《资管新规》)中亦对管理人刚性兑付行为的认定进行了列举。

其二,是交易对手层面的刚性兑付。主要存在于投资非标准化债权的资产管理产品或嵌套投资标准化债权类资产的资产管理产品(针对直接投资标准化产品的资管产品,因不具备直接交易对手,其投资失败后的刚性兑付行为往往回归于上述管理人自身),这类资管产品通常通过债权、股权等方式对特定主体进行投资,并以投资回报实现产品收益。

交易对手方刚性兑付通常存在于政信合作类产品,部分政府或企业出于对地方区域经济的整体考虑,会考虑协调各方以配合化解一些地方企业潜在的违约风险,避免违约事件影响金融机构对该地区企业的投资信心,并增大区域内其他企业对外融资的难度。交易对手方面的刚性兑付方式通常包括交易对手及其实际控制方直接或间接地以资金方式兑付或交易对手的相关利益方以受让管理人所持有的债权、股权等方式实现接手。在资管产品层面,此种刚性兑付通常可确保资管产品的平稳退出。

其三,是销售主体的刚性兑付。通常资管产品在销售(募集资金)时存在两种主要方式,即管理人自行销售以及委托具备销售主体资格的第三方进行代理销售,本处提及的销售主体主要针对此种代理销售机构,而银行作为客户资源最广泛的主体,在资管产品的代销体量中也占据较大份额。对销售主体来说,虽然其仅作为销售方并不承担管理人的职责及兑付责任,但考虑到实践中销售主体通常以其内部客户(高净值客户)作为主要推荐主体,投资者也多基于对销售主体的信任而购买相应产品。因此,从客户维护角度出发,销售主体通常会对其代销产品予以更多关注,在一些资管产品出现兑付风险时,也存在销售主体承接客户所投资的产品,以确保客户收益得以实现的情形。

销售主体的刚性兑付方式,则通常在于销售主体以其自有资金或其管理的其他产品资金承接投资者所持有的资管产品份额,以实现投资者的退出。

3. 金融监管对于刚性兑付的态度

结合近年来监管部门颁布的各项监管规定、各种场合所传达的精神以及部分公布的行政处罚结果,从广义的刚性兑付角度来看,除部分交易对手层面的刚性兑付行为(因为交易对手层面刚性兑付实质可以理解为产品自行完成风险化解,即资产端实现现金流回款,管理人或销售机构并未额外承担相应费用和成本)外,现有的其他各种形式和维度的刚性兑付均应属监管部门严令禁止的行为;从性质认定角度来看,刚性兑付安排被监管部门认定为违规行为的可能性较高。

对刚性兑付的否定态度,相关监管政策的出台也体现了不断趋严和细化的进程。例如,在信托业务层面,2007 年《信托公司管理办法》明确,信托公司开展信托业务不得"承诺信托财产不受损失或者保证最低收益";2007 年的《信托公司集合资金信托计划管理办法》明确,信托公司推介信托计划时,不得"以任何方式承诺信托资金不受损失,或者以任何方式承诺信托资金的最低收益”。

类似的要求在证券公司展业时同样有所体现,2008年《证券公司监督管理条例》明确,证券公司从事证券资产管理业务,不得“向客户做出保证其资产本金不受损失或者保证其取得最低收益的承诺”;2016年7月实施的《证券期货经营机构私募资产管理业务运作管理暂行规定》(证监会公告〔2016〕13号)明确指出,“证券期货经营机构及相关销售机构不得以任何方式向投资者承诺本金不受损失或者承诺最低收益”,同时还对部分违规行为进行列举。

从早期的监管规定体现的监管逻辑来看,监管部门更倾向在产品推介销售过程中,督促管理人和销售机构避免存在误导投资者的行为,强化投资者的风险意识,但对产品真正产生风险后管理人的刚性兑付行为来说,虽然监管机构原则上禁止,但实质上并未真正从监管规定层面作出过多限制。

直至2018年《资管新规》出台,统一监管思想的明确,从中央向下传递出对资管行业过去混沌发展的强势调控姿态。《资管新规》中统一明确了“金融机构开展资产管理业务时不得承诺保本保收益。出现兑付困难时,金融机构不得以任何形式垫资兑付”的基本原则。

可以明确看出,现阶段监管部门对在资管行业过往多年发展的中,有悖于资管业务开展逻辑的刚性兑付行为的根本性进行了明确否定,形成了从产品前端销售到后期兑付全流程禁止刚性兑付安排的监管思路。严格禁止刚性兑付,查处刚性兑付行为,督促每个资管产品合规管理运营将会是监管部门未来重点关注的要点之一。

4. 司法裁判对刚性兑付的态度

司法裁判对刚性兑付的态度在近年来同样也随着监管部门监管的规定升级而同步升级。结合现有司法裁判尺度,在刚性兑付的安排中,如涉及资管产品管理人的刚性兑付安排,未来直接被认定为无效的可能性较大。

针对资管产品管理人的刚性兑付安排,《九民纪要》第92条已明确"保底或者刚性兑付条款无效",针对该裁判原则,在"安信信托股份有限公司、湖南高速集团财务有限公司营业信托纠纷案"[(2020)湘民终1598号]中,法院亦明确裁判认定信托公司所签署的法律文件因涉及违规刚性兑付行为而无效。未来,就资管产品管理人的刚性兑付安排,从司法机关的裁判态度来看,延续现有裁判尺度的可能性较大。

需要关注的是,除上述管理人刚性兑付无效的原则外,上述其他主体的刚性兑付安排,现阶段暂未被司法机关明确否定,从本身合约效力的角度出发,行为虽然在一定程度上存在潜在违规风险,但其效力并未被明确否定。

但考虑刚性兑付行为在多数安排中存在的违规风险,随着《民法典》的生效,未来对违规行为的效力认定应持审慎消极态度。在《民法典》中,针对民事法律行为效力的认定特别提及"违背公序良俗的民事法律行为无效"。考虑到刚性兑付行为,在违反监管规定的同时,其实质上有悖于我国资产管理业务发展的内在逻辑和核心精神,如果放任这种畸形模式的持续发展,既不利于管理人内在管理能力的提升,也不利于投资者完善对不同类型金融产品的认知和内在风险自担的契约投资精神的树立;同时,还会不断累积潜在的金融风险,甚至可能对整个经济体制产生冲击。在此基础上,刚性兑付行为有潜在的被认定违背公序良俗、影响社会秩序的可能性,进而将对各主体基于刚性兑付所签署的合约效力产生重大影响。

5. 涉及资管产品刚性兑付相关仲裁争议的考量因素

在仲裁程序中,对刚性兑付行为的认定,通常会参照前述交易模式的划分而区别对待。

其中,针对管理人的刚性兑付行为,无论以何种方式呈现,均应直接认定其归于无效;而针对交易对手方的刚性兑付行为,则相应地可归属于交易安排中的增信措施,在不违反法律、行政法规的基础上,应认可其安排。而针对销售机构的刚性兑付行为,则应结合具体安排予以具体分析。

综合来看,资管产品刚性兑付行为的判断和认定,需要在国家金融监管宏观管控的大背景下作出判断,在未来的裁判中,产品发行的适当性、合理性以及管理人主观是否存在以任何形式规避、突破金融监管的想法,亦将会被作为裁判机构所重点审查的要点。当前市场下的很多管理人富有"冒险精神",作为裁判机构,通过适当的裁判引导,打消不必要的"冒险"念头,引导管理人回归监管所指引的正路,应是现阶段裁判机构应考虑的核心问题。

二、面向资产端的争议——以资金回收为目标的路径问题

(一)金融产品投融资结构的性质和效力问题

1. 对赌问题

(1)对赌的概念

在实践中,俗称的"对赌协议",又称估值调整协议,是指投资方与融资方在达成股权性融资协议时,为解决交易双方对目标公司未来发展的不确定性、信息不对称以及代理成本而设计的包含股权回购、金钱补偿等对未来目标公司的估值进行调整的协议。

(2)对赌的效力

就目前的司法实践而言,对赌一般有两种类型:一是投资方与目标公司的股东或者实际控制人对赌,此种对赌如无其他无效事由,则认定有效并支持实际履行;二是投资方与目标公司对赌,该类型的对赌经历了一个从无效到有效的过程。

①第一阶段——与公司对赌无效

最高人民法院在"海富案"[①]中认为,在民间融资投资活动中,融资方和投资者设置估值调整机制(投资者与融资方根据企业将来的经营情况调整投资条件或给予投资者补偿)时要遵守公司法和原合同法的规定。投资者与目标公司本身之间的补偿条款如果可以使投资者取得相对固定的收

① (2012)民提字第11号。

益，则该收益会脱离目标公司的经营业绩，直接或间接地损害公司的利益和公司债权人的利益，故应认定无效。但目标公司股东对投资者的补偿承诺不违反法律法规的禁止性规定，是有效的。在合同约定的补偿条件成立的情况下，根据合同当事人意思自治、诚实信用原则，引资者应信守承诺，投资者应当得到约定的补偿。

②第二阶段——与公司对赌无效，但公司可承担担保责任

最高人民法院在“瀚霖案”[①]中认为，首先，投资方与目标公司、目标公司股东三方签署的相关协议中明确载明“瀚霖公司已通过股东会决议……各方已履行内部程序……各方授权代表已获得本方正式授权”，并由瀚霖公司盖章及其法定代表人签名，且瀚霖公司没有提交相反证据证明该公司未通过股东会决议担保事项。因此，认定投资方已对目标公司提供担保是经过股东会决议，尽到审慎注意和形式审查义务。

其次，《公司法》第16条之立法目的系防止公司大股东滥用控制地位，出于个人需要、为其个人债务而由公司提供担保，从而损害公司及公司中小股东权益。在该案中，投资方的投资款项全部用于公司经营发展并非用于担保个人债务，目标公司全体股东受益，并未损害公司及公司中小股东权益，不违反《公司法》第16条之立法目的，故目标公司应当承担担保责任。

最后，最高人民法院重申了《公司法》第16条的立法目的，在投资方将

① （2016）最高法民再128号。

投资款项全部用于公司经营发展,以及担保程序无瑕疵或者担保相对人尽到形式审查义务的情况下,目标公司对股东对赌义务承担连带保证责任的约定有效。

③第三阶段——与公司对赌有效

当前司法实践的效力规则如下:第一,对赌协议原则上有效;[①]第二,投资方请求目标公司回购股权的,应当符合《公司法》第35条关于“股东不得抽逃出资”或者第142条关于股份回购的强制性规定,并且完成减资程序;第三,投资方请求目标公司承担金钱补偿义务的,应当符合《公司法》第35条关于“股东不得抽逃出资”和第166条关于利润分配的强制性规定,如目标公司有可以分配的利润,则应当对股东进行分配,暂时没有可以分配的利润或利润不足以完全清偿的,在今后有利润时,股东还可以另行起诉。

(3)案例分析

①基本案情[②]

银海通投资中心与新疆西龙公司进行对赌,约定新疆西龙公司1年以后如果不能上市,则新疆西龙公司回购银海通投资中心股份。同时,银海通投资中心与新疆西龙公司的全资子公司奎屯西龙公司约定,如果新疆西龙公司不能回购股份,则由奎屯西龙公司回购银海通投资中心股份,以此方式为银海通投资中心提供担保。随后,银海通投资中心将投资款900万

---

① 《九民纪要》第5条规定,投资方与目标公司订立的“对赌协议”在不存在法定无效事由的情况下,目标公司仅以存在股权回购或者金钱补偿约定为由,主张“对赌协议”无效的,人民法院不予支持。

② 最高人民法院(2020)最高法民申2957号。

元支付给新疆西龙公司,但新疆西龙公司始终未公开发行股票并上市。

银海通投资中心向法院起诉,请求:新疆西龙公司支付股权回购价款;奎屯西龙公司承担支付股权回购价款的连带责任。

②法院意见

最高人民法院认为,新疆西龙公司与银海通投资中心签订的《增资扩股协议》,通过增资的方式向银海通投资中心融资900万元,并与奎屯西龙公司三方共同签订具有股权回购、担保内容的《补充协议》,两份协议合法有效。

根据《公司法》的规定,投资方银海通投资中心与目标公司新疆西龙公司"对赌"失败,请求新疆西龙公司回购股份,且不得违反"股东抽逃出资"的强制性规定。新疆西龙公司为股份有限公司,其回购股份属减少公司注册资本的情形,须经股东大会决议,并依据法律规定完成减资程序。现新疆西龙公司未完成前述程序,故原判决驳回银海通投资中心的诉讼请求并无不当。

银海通投资中心针对奎屯西龙公司的诉讼请求,其诉求中的义务属于担保合同义务,而担保合同义务具有从属性,即履行担保合同义务的前提条件是主合同义务履行条件已成就。现新疆西龙公司的减资程序尚未完成,股份回购的主合同义务尚未成就,故奎屯西龙公司的担保义务未成就。

③案例评析

该案裁判文书体现的审理思路是,在《九民纪要》发布后,对股东与公司之间的对赌,法院将从以下角度考虑:

第一,首先审查对赌合同的有效性。如不存在法定的合同无效的情形,则应当认定合同有效。

第二,在合同有效的前提下,如要求目标公司回购股份,则应当按规定完成减资程序,否则法院不予支持股份回购的诉讼请求。

第三,即使设定有担保措施,但由于担保合同义务具有从属性,履行担保合同义务的前提条件是主合同义务履行条件已成就,股东无权直接要求提供担保的当事人承担担保责任。

2. 明股实债问题

(1)概念

明股实债并非一个法律概念,而是在投资过程中的一种交易安排。明股实债,是指投资者以股权投资的名义,受让被投资企业的股权,投资回报不与被投资企业的经营业绩挂钩,不是根据企业的投资收益或亏损进行分配,而是向投资者提供保本保收益承诺,根据约定定期向投资者支付固定收益,并在满足特定条件后,由被投资企业赎回股权或者偿还本息的投资方式,即名义上的股权投资,实为债权投资的交易方式。

(2)效力

对明股实债的认定,应从股权转让方与受让方的内部关系上来认定,明股实债并无统一的交易模式。在实践中,应根据当事人的投资目的、实际权利义务等因素综合认定其性质。投资人目的在于取得目标公司股权,且享有参与公司的经营管理权利,应认定为股权投资。反之,投资人目的并非取得目标公司股权,而仅是为了获取固定收益,且不享有参与公司经营管理权利的，应认定为债权投资。当股权受让方不参与被投资企业的经营与管理、受让方的股权到期退出或回购、交易双方约定的投资收益为固定收益，应认定为明股实债。在(2017)最高法民终907号案件中，人民法院认为，根据《股权收益权转让及回购协议》约定的具体条款以及协议实际履行情况，AX公司并无买入案涉标的股权收益权并承担相应风险的真实意思。AX公司仅间接获得天悦公司经营、管理、处置、转让标的股权等所产生的收益，并不参与能够产生收益的标的股权的经营管理。根据《股权收益权转让及回购协议》的具体约定，并结合案件事实，天悦公司的主要合同目的在于向AX公司融通资金，AX公司的主要合同目的在于向天悦公司收取相对固定的资金收益，一审法院认定，双方当事人的真实交易目的在于通过出卖而后回购的方式以价金名义融通金钱，具有事实和法律依据。因案涉《股权收益权转让及回购协议》不属于合同法规定的有名合同，一审判决根据协议性质，参照原合同法分则中最相类似的借款合同的相关规定予以处理，适用法律正确。

对于明股实债的效力，交易双方对股权转让的意思表示为虚假的，双方真实的意思表示为债权行为，依据《民法典》第146条第1款的规定，“行为人与相对人以虚假的意思表示实施的民事法律行为无效”，故基于虚假意思表示的股权转让应为无效。根据《民法典》第146条第2款的规定，“以虚假的意思表示隐藏的民事法律行为的效力，依照有关法律规定处理”，故双方隐藏在股权转让下的真实意思表示为借贷行为的，应按照借贷的相关规定处理，由股权转让方承担回购的义务。投资者以增资扩股形式取得目标公司股权,目标公司直接向投资人支付股权回购款的,一般不构成出逃出资。

值得注意的是,最高人民法院《关于适用〈中华人民共和国民法典〉有关担保制度的解释》(以下简称《担保制度解释》)第68条第3款规定,“债务人与债权人约定将财产转移至债权人名下,在一定期间后再由债务人或者其指定的第三人以交易本金加上溢价款回购,债务人到期不履行回购义务,财产归债权人所有的,人民法院应当参照第二款规定处理”;而该条第2款规定,“债务人或者第三人与债权人约定将财产形式上转移至债权人名下,债务人不履行到期债务,财产归债权人所有的,人民法院应当认定该约定无效,但是不影响当事人有关提供担保的意思表示的效力。当事人已经完成财产权利变动的公示,债务人不履行到期债务,债权人请求对该财产享有所有权的,人民法院不予支持;债权人请求参照民法典关于担保物权的规定对财产折价或者以拍卖、变卖该财产所得的价款优先受偿的,人民法院应予支持;债务人履行债务后请求返还财产,或者请求对财产折价或者以拍卖、变卖所得的价款清偿债务的,人民法院应予支持”。可以依据上述条款认定,在明股实债中,股权转让作为股权转让方的担保措施,可以由股权受让方就该股权进行拍卖变卖的价款优先受偿。

(3)案例分析

①基本案情[①]

2013年11月19日,国通公司与缤购城公司签订的《合作意向书》约

① (2019)最高法民终1532号。

定，缤购城公司因发展业务需要，拟就其位于湖北省武汉市武昌区湖机场内的项目向国通公司提出资金需要，由国通公司发行信托计划，并将信托资金投向该项目。缤购城公司的资金需要为5亿元，期限为2年。为获得该资金，缤购城公司同意承担不低于资金总额16%的资金利息。

2013年，国通公司、缤购城公司、上善至高公司、鼎创公司签订《增资协议》，由国通公司将东兴9号信托计划项下全部信托资金的51%，共计11,258.25万元对缤购城公司进行增资，国通公司持有缤购城公司股权期间，至少将会按期足额收取股权收益，国通公司有权申请全部或者部分的减资，缤购城公司、上善至高公司及鼎创公司应无条件地协助国通公司办理减资事宜，并足额向国通公司支付相关减资款项。

2015年，国通公司、缤购城公司、上善至高公司、鼎创公司签订的《股权投资协议》约定，国通公司以信托计划第4期中的150万元受让上善至高公司持有的占缤购城公司注册资本1.22%的股权。上善至高公司收到股权转让价款后，应立即将股权转让价款用于代替缤购城公司向国通公司支付《财务顾问协议之补充协议》项下的财务顾问费。上善至高公司与鼎创公司一致承诺，国通公司持有缤购城公司标的股权期间，除按照《增资协议》的约定享有股权收益外，其持有的标的股权将另行分配股权收益。

后国通公司向法院起诉，要求判令缤购城公司偿还全部信托资金本金等诉求。

②法院意见

最高人民法院认为,对涉案11,258.25万元的性质,缤购城公司上诉主张该笔款项应为增资款而非借款。法院认为,缤购城公司的该主张不能成立,具体理由为:该笔款项虽系基于涉案《增资协议》《〈增资协议〉之补充协议》的约定支付,但对款项性质的认定,不能仅依据协议名称判断,应根据合同条款所反映的当事人真实意思,并结合其签订合同的真实目的以及合同履行情况等因素进行综合认定。首先,根据《增资协议》第7.1条、第7.2条、第7.3条等条款的约定,在该案中,国通公司签订上述协议的目的是通过向缤购城公司融通资金而收取相对固定的资金收益,这与一般意义上为获取具有或然性的长期股权收益而实施的增资入股行为并不相同。缤购城公司虽称,根据涉案《〈增资协议〉之补充协议》第5条的约定,除固定利润外,国通公司还有权按其投资获取利润,但《〈增资协议〉之补充协议》第5条约定是以"《股权投资协议》约定为准",而《股权投资协议》仅涉及第4期信托计划项下的150万元款项,而涉案11,258.25万元系第1期至第3期信托计划项下的款项,两者并非同一笔。故根据《〈增资协议〉之补充协议》第5条的约定,并不足以认定国通公司向缤购城公司汇入涉案11,258.25万元的目的系获得股权分红而非固定回报。其次,国通公司虽经工商变更登记为缤购城公司股东,但缤购城公司并未举证证明国通公司实际参与了缤购城公司的后续经营管理。且根据涉案《增资协议》第10.3.4条、第10.3.5条以及第10.3.10条的约定,国通公司有权在缤购城公司违约的情形下,将其所持有的股权对外转让、申请减资、处置涉案项目等,故缤购城公司主张涉案《增资协议》《〈增资协议〉之补充协议》并未约定股权退出机制与事实不符,缤购城公司据此主张涉案款项并非借款亦依据不足,法院不予支持。同时需要指出的是,因该案系涉案协议各方当事人之间的内部纠纷,相关权利义务需要根据协议约定进行确认。但在国通公司未通过法定程序完成股权退出前,因内部约定并不具有外部效力,如存在善意第三人基于信赖缤购城公司对外公示的股权结构、工商登记信息而导致利益受损的情形,其可以通过诉讼另案解决。但缤购城公司以可能涉及外部关系为由主张一审判决有误理据不足,法院不予支持。最后,对于涉案款项的性质,缤购城公司不仅在涉案《债权确认协议》中认可"国通公司依据《增资协议》对缤购城公司享有的金额至少为 11,408.25 万元的债权",且在"湖北鼎创实业集团有限责任公司增资纠纷案"[①]庭审过程中也认可"增资扩股争议的标的额 11,258.25 万元加上 150 万元全部汇入了公司。目前我们增资扩股争议的标的额全部通过还款形式还给国通公司""确认实际上属于名股实债的关系"。在该案中,缤购城公司又主张上述款项系增资款而非借款,与前述协议约定以及在另案中所作的陈述均不一致。在缤购城公司未能举证证明涉案《债权确认协议》存在无效情形的情况下,其作为《债权确认协议》的一方当事人,应受到该协议的约束。

③案例评析

从上述案例可以看出,司法裁判并未依据合同名称对争议款项的性质

① (2016)鄂01民初5905号。

进行认定,而是按照交易双方的真实意愿进行评判,虽然在外观上该争议款项为股权投资款,但结合订立合同的真实意思表示以及合同的履行情况,法院并未将争议款项认定为股权投资,而是综合认定为借款。

(二)新型增信措施的效力认定

1. 新型增信措施的概念

在融资交易中,近年来在法定担保形式之外,由于监管规定对信托产品的要求,产生了其他类型的增信措施,以信托行业为例,创新型的增信措施层出不穷,依据《信托公司集合资金信托计划管理办法》第 8 条的规定,信托公司推介信托计划时,不得有以下行为:以任何方式承诺信托资金不受损失,或者以任何方式承诺信托资金的最低收益……以及第 11 条规定,认购风险申明书至少应当包含以下内容:信托计划不承诺保本和最低收益,具有一定的投资风险,适合风险识别、评估、承受能力较强的合格投资者。《信托公司管理办法》第 34 条规定,信托公司开展信托业务,不得有下列行为:(1)利用受托人地位谋取不当利益;(2)将信托财产挪用于非信托目的的用途;(3)承诺信托财产不受损失或者保证最低收益。上述监管规定都严格要求信托公司不能对产品提供保证最低收益或兜底,在这种情况下,信托产品创新出了多种新型的增信措施,以在不违反监管规定的前提下控制风险。

从功能性的递减角度将增信措施进行分类,可以分为 3 类:第一类为法定担保形式;第二类为让与担保等非法定担保形式,又称为非典型担保;第三类为第三方承诺等担保目的和功能相对较弱的措施,新型增信措施一般是指第三类担保目的和功能相对较弱的措施。新型增信措施主要有结构化配置、回购、差额补足、流动型支持等措施。

(1)结构化配置

结构化配置,是指信托公司根据投资者的不同风险偏好对受益权的分层配置。信托公司按照分层配置中的优先级与劣后级进行收益分配,使不同风险偏好和承担能力的投资人通过投资不同层级的受益权来获取收益,承担不同等级的风险。分层在前的受益权人由分层在后的受益权人的信托单位作为风险屏障,因而信托结构化对分层在前的受益权人来说起到了信用增级的作用。

在司法审判中,有观点认为,优先级与劣后级受益人之间为借款关系。在"徐某、张某借款合同纠纷案"中,[①]最高人民法院特别论及特定受益人徐某与一般受益人、信托公司间的法律关系性质,即关于特定受益人(劣后)与一般受益人(优先)的关系问题。徐某作为特定受益人,其义务是在信托到期后向一般受益人返还本金、支付收益,并承担信托计划所购股份股票价格变动的风险;其权利是在支付信托计划费用、信托税费、一般受益人本金和预期收益后,享受其余部分的财产利益。根据原《合同法》第196条关于"借款合同是借款人向贷款人借款,到期返还借款并支付利息的合同"的规定,该信托计划中特定受益人与一般受益人之间的法律关系,依法应认定为借款合同。

① 最高人民法院(2017)最高法民终604号。

中国人民银行等机关于2018年发布的《关于规范金融机构资产管理业务的指导意见》(以下简称《资管新规》)第21条规定,“……分级资产管理产品不得直接或者间接对优先级份额认购者提供保本保收益安排……”。《资管新规》禁止了结构化配置中对优先级份额进行保本保收益的设计。最高人民法院于2019年发布的《九民纪要》对劣后级受益人的责任承担作出了规定,其第90条规定:“信托文件及相关合同将受益人区分为优先级受益人和劣后级受益人等不同类别,约定优先级受益人以其财产认购信托计划份额,在信托到期后,劣后级受益人负有对优先级受益人从信托财产获得利益与其投资本金及约定收益之间的差额承担补足义务,优先级受益人请求劣后级受益人按照约定承担责任的,人民法院依法予以支持。信托文件中关于不同类型受益人权利义务关系的约定,不影响受益人与受托人之间信托法律关系的认定。”由此可见,虽然禁止了结构化产品对优先级受益人的保本保收益及刚性兑付安排,但是允许劣后级受益人对优先级受益人的差额承担补足义务。

(2)回购

回购,是指信托公司发行信托计划、募集资金购买融资方持有的股权、债权、不动产等特定资产或该等特定资产的收益权,融资方或其关联方,抑或是第三方承诺特定期限后以约定的价格(“资产初始转让价款本金+溢价款”)回购特定资产或特定资产收益权,分配收益。

(3)差额补足

差额补足,一般是指在信托、资管产品、基金产品不足以根据交易文件的约定，在相应的兑付日支付完毕当期预期收益或应偿还本金时，由融资方或其指定的第三方作为差额补足义务人，对差额部分承担补足义务的交易安排。

(4)流动性支持

流动性支持，是指优先级投资者未得到足够偿付时，流动性支持机构有义务向优先级投资者提供一定的补足支付，以确保优先级投资者的收益更稳定和安全的特别安排。在资产支持证券中，流动性支持往往表现为在基础资产的现金流出现风险时，由流动性支持机构承担临时短期的垫付义务。

2. 新型增信措施的效力

针对上述增信措施，《九民纪要》第 91 条规定："信托合同之外的当事人提供第三方差额补足、代为履行到期回购义务、流动性支持等类似承诺文件作为增信措施，其内容符合法律关于保证的规定的，人民法院应当认定当事人之间成立保证合同关系。其内容不符合法律关于保证的规定的，依据承诺文件的具体内容确定相应的权利义务关系，并根据案件事实情况确定相应的民事责任。"

《九民纪要》将增信措施分为两种情况：第一种，如果当事人之间的约定符合法律中关于保证的规定，应认为其构成保证合同的法律关系；第二种，当事人的约定不符合保证的规定，按照增信文件的具体约定确定的权利义务关系。根据最高人民法院发布的《〈全国法院民商事审判工作会议纪要〉理解与适用》，《九民纪要》将增信措施归为保证和债务加入两种情况。独立的合同关系是为保持该条规范内容的开放性，除保证和债务加入两种类型外,能否认定第三方与债权人之间成立独立的合同关系,还存在讨论的空间。

就增信措施认定为保证还是债务加入这一问题,《〈全国法院民商事审判工作会议纪要〉理解与适用》提供了以下几个角度:

"首先,必须坚持文义优先原则。判断第三人承诺履行债务之意思表示究系保证抑或债务加入,首先应从第三人出具的承诺函或当事人签订的协议所使用的文字词句出发。如果承诺函或协议明确使用'保证'或'债务加入'的措辞,原则上应依其表述进行相应的定性,除非存在足以支持偏离文义进行解释的特别情事,即词句文义优先。

"其次,判断第三人愿意承担的债务内容与原债务是否具有同一性。第三人愿意承担的债务内容是具有从属性的债务还是与原债务具有同一性的债务,成为区分保证和债务加入的重要标准。这种区分可以从两个方面加以把握:一方面,从债务数额来说,保证人往往约定的是承担主债务人不能履行的差额部分,而债务加入的约定数额往往是加入债务时的既有债务,与主债务人嗣后的履行情况没有关系。另一方面,保证范围的约定往往包括了违约金、损害赔偿金和实现债权的费用,而在债务加入中,债务加入人负担债务之范围以加入之时原债务的内容为限,对原债务人的违约责任不予负责。因此,在个案中判断第三人的行为究系债务加入抑或保证,最重要的是探究第三人的真实意思,以确定其意欲承担的是独立的还是从属的债务。

"最后,判断当事人关于义务履行顺位的真实意思。在实践中,如果相关增信文件将第三人履行债务的前提界定为债务人届期‘不能’‘无法’‘无财产’履行债务,此时存在明显的履行顺位,符合《担保法》第十七条关于一般保证的定义,应当认定为一般保证,而不得认定为债务加入。应予注意的是,《担保法》第十七条规定的‘债务人不能履行债务’与该法第六条规定的‘债务人不履行债务’之间存在差别,由保证的补充性所决定,即便是连带责任保证的约定,也有以债务人不履行债务作为承担责任前提条件的空间。因此,当增信文件中出现以债务人到期不履行义务作为增信机构履行义务的前提条件约定时,尚不能单独以此约定认定是否构成保证。当然,如果第三人履行债务并不以债务人届期未履行为前提,而是直接表明第三人代替债务人履行,则可以直接认定为债务加入。”

如果增信措施符合保证合同的关系,则应审查该保证是否有决议机关的文件及授权,在不存在决议机关文件或该决议文件不合法的情况下,其构成越权担保,需要依据《九民纪要》第17条、第18条的规定,对债权人是否构成善意进行审查。在债权人非善意的情况下,如果符合《九民纪要》第19条规定的无须机关决议的例外情况,则保证仍为有效。而对于增信文件认定为债务加入的情况下,仍应按照上述关于保证合同的规则来认定是否有效。

3. 典型案例

(1)基本案情

2017年8月16日,新疆广汇作为委托人,中海信托作为受托人,签订

《信托合同》,其中约定:每份信托单位的面值为1元,本信托项下包括优先信托单位和一般信托单位。优先受益权,是指可以优先于一般受益权取得信托利益的受益权类型,优先信托单位仅向符合委托人条件的特定合格投资者发行。一般受益权,是指只能在全部优先受益权项下最高信托利益足额分配后,方有权取得信托利益的受益权类型,一般信托单位仅向新疆广汇发行。本信托项下的受益人与委托人为同一人。投资顾问,是指全体委托人委托受托人作为全体委托人的代理人,并由委托人聘请并委托的、按照《投资顾问合同》的规定为信托计划的投资运作提供服务的专业机构,在本信托中为上海汇势通投资管理有限公司(以下简称汇势通公司)。信托财产,是指信托资金及受托人对信托资金管理、运用、处分所取得的财产及损益的总和。信托计划预期存续期限为2年,自信托计划成立日起算。全体委托人认购信托单位并加入信托计划,授权投资顾问代表全体委托人向受托人发送投资建议(受托人收到的该投资建议在全体委托人与受托人之间具有委托人指令的法律效力)。本信托计划的投资范围为国内依法发行的国债、地方政府债、央行票据……企业债、公司债……本信托为事务管理类信托计划。信托单位总份数为3.6亿份(以实际募集金额为准),其中,优先信托单位份数与一般信托单位份数的比例不高于5∶1。信托计划存续期限届满或合同约定的终止情形发生,因证券停牌等客观原因造成信托财产不能及时变现的,信托计划期限延长至全部信托财产变现之日。本信托计划优先信托单位向受托人定向发行。信托文件,是指信托合同、信托计划说明书、认购风险申明书的总称。信托计划说明书、认购风险申明书及《投资顾问合同》是该合同的组成部分，和该合同具有同等法律效力。

新疆广汇主张，上述结构化配置及差额补足条款无效，向上海金融法院提起诉讼。

(2)法院意见

首先，原银监会办公厅发布的《关于进一步加强信托公司风险监管工作的意见》系部门规范性文件，其中关于优先受益人与劣后受益人投资资金配置比例的规定完整表述为："督促信托公司合理控制结构化股票投资信托产品杠杆比例，优先受益人与劣后受益人投资资金配置比例原则上不超过1:1，最高不超过2:1，不得变相放大劣后级受益人的杠杆比例。"可见，该规范性文件关于信托投资杠杆倍数的规定，系针对股票投资信托产品，而系争信托计划投资标的为公司债券，属于固定收益投资信托产品，不属于上述规定调整范围。因此，原告援引上述规定主张《信托合同》违反公序良俗，缺乏法律依据，法院不予支持。其次，《信托合同》并未约定委托人签署合同需经过符合公司章程规定的内部有权机关决议通过，而系争差额补足条款系原告作为劣后受益人向优先受益人作出的保证补足投资收益差额的承诺，属于债务人对债权人作出的将全面履行合同约定义务的承诺，而非保证人为他人履行主合同义务而向债权人作出的担保性承诺，因此不属于保证，不适用《公司法》第16条关于公司向其他企业投资或者为他人提供担保，依照公司章程的规定，由董事会或者股东会、股东大会决议的规定。系争董事会决议是否违反原告的章程并不影响时任法定代表人代表的原告签署《信托合同》并加盖公章之民事法律行为的效力。因此,原告关于董事会决议无效则《信托合同》及其差额补足条款无效的主张缺乏法律依据,法院不予支持。最后,《信托合同》将受益人区分为优先受益人和一般受益人,约定优先受益人以其财产认购信托计划份额;在信托到期后,一般受益人负有对优先受益人从信托财产获得利益与其投资本金及约定收益之间的差额承担补足义务,属于当事人之间依法处分民事权利义务的行为,并未损害公共秩序,应为有效。《信托合同》约定优先受益人与一般受益人的投资比例为5:1,劣后受益人的年化收益率为8%,超额收益部分由投资顾问获得,优先受益人认购风险申明书载明,优先受益人的年化收益率为5.6%。法院认为,优先受益人的年化收益率与其投资金额、倍数相比并未明显过高,尚属公平、合理的范围。鉴于系争信托计划为事务管理型信托,投资顾问系委托人选定,投资决策由投资顾问提供,因而超额收益部分如何分配是投资顾问与委托人之间自行安排的事项,并不被受托人意志左右。故法院认为,系争差额补足条款并未违反公平原则与公序良俗,应为有效。

(3)案例评析

该案裁判观点可以体现出,对于结构化配置,人民法院认定的固定收益的信托产品,其结构化配置不受杠杆比例的限制,应认为有效。人民法院对差额化补足的认定,如不存在法定的合同无效情形,则应认为差额化补足义务的约定有效,并且法院认为该差额化补足的承诺不构成对外担保,属于单独的合同义务,不应属于公司权力机关决议的范围,即使缺乏决议,也仍负有差额补足的义务。

(三)"通道业务"的相关问题

1."通道业务"的概念

《九民纪要》第93条规定,"当事人在信托文件中约定,委托人自主决定信托设立、信托财产运用对象、信托财产管理运用处分方式等事宜,自行承担信托资产的风险管理责任和相应风险损失;受托人仅提供必要的事务协助或者服务,不承担主动管理职责的,应当认定为通道业务"。

从《九民纪要》对"通道业务"的定义可以看出,"通道业务"有以下认定标准:第一,由委托人自主决定资金流向及处分方式;第二,由委托人自行承担相应风险,包括风险管理责任和风险损失;第三,受托人不主动管理,仅就必要事务提供协助或者服务。同时,符合前述条件的,即可被认定为"通道业务"。

2."通道业务"的效力

(1)过渡期内的效力

《九民纪要》第93条规定,中国人民银行、中国银行保险监督管理委员会、中国证券监督管理委员会、国家外汇管理局《关于规范金融机构资产管理业务的指导意见》第22条在规定"金融机构不得为其他金融机构的资产管理产品提供规避投资范围、杠杆约束等监管要求的通道服务"的同时,也在第29条明确按照"新老划断"原则,将过渡期设置为截至2020年年底,确保平稳过渡。在过渡期内,对"通道业务"中存在的利用信托通道掩盖风险,规避资金投向、资产分类、拨备计提和资本占用等监管规定,或者通过信托通道将表内资产“虚假出表”等信托业务,如果不存在其他无效事由,一方以信托目的违法、违规为由请求确认无效的,人民法院不予支持。至于委托人和受托人之间的权利义务关系,应当依据信托文件的约定予以确定。

(2)过渡期后的效力

关于过渡期后“通道业务”的效力,截至2021年8月,尚未出台正式的规范性文件,参考《〈全国法院民商事审判工作会议纪要〉理解与适用》一书的观点:“从应然的角度,对违反监管政策所开展的通道业务,依法应当以违反公共秩序为由认定无效。但从有序化解金融风险、防止在处置风险的过程中引发操作风险的角度考虑,应当根据监管部门工作的节奏和进度安排,对其效力作出实事求是的认定……在过渡期之后,基于通道业务会隐藏金融风险,不利于监管和公共利益的考量,应当认定通道业务无效。”因此,最高人民法院倾向认定过渡期后通道业务无效。

简言之,《九民纪要》按照《资管新规》的相关规定,对“通道业务”的效力采用“新老划断”的方式进行了区分(见表3－1)。

表 3-1 “通道业务”的效力区分

时间	情形	效力
过渡期内①	不存在违法违规事由	有效
	虽然存在利用信托通道掩盖风险,规避资金投向、资产分类、拨备计提和资本占用等监管规定,或者通过信托通道将表内资产虚假出表等信托业务,但不存在其他无效事由	有效
	存在合同无效的法定事由	无效
过渡期后	目前没有明确的规范性文件,最高人民法院倾向认定无效	—

①《资管新规》规定的过渡期为 2020 年年底,但中国人民银行 2020 年 7 月 31 日发布《优化资管新规过渡期安排 引导资管业务平稳转型》通知:“为平稳推动资管新规实施和资管业务规范转型,经国务院同意,人民银行会同发展改革委、财政部、银保监会、证监会、外汇局等部门审慎研究决定,资管新规过渡期延长至 2021 年底。”

3.“通道业务”的仲裁案例分析(以“C23 号信托计划案”为例)

(1)基本案情

申请人的仲裁请求及事实和理由:申请人系 C23 号信托计划委托人,被申请人系受托人。2017 年 8 月 2 日,被申请人向申请人发送的推介材料披露了 C23 号信托计划 B2 类委托人(劣后)及差额补足义务人为 D,介绍了 D 个人及其家庭财产状况,并提供了 D 房屋产权及金融资产证明材料。基于对被申请人提供的 C23 号信托计划推介材料的信赖,在 B2 类委托人 D 提供差额补足义务的情况下,申请人与被申请人签署《信托合同》。《信托合同》约定,被申请人作为受托人管理 C23 号信托计划,信托计划期限为 1 年,规模为 20,250 万元,其中,F 股份有限公司(以下简称 F)作为 A 类委托人认购信托计划资金 13,500 万元,基准年收益率为 7%;申请人作为B1类委托人认购信托计划资金2700万元,基准年收益率为11%;D作为B2类委托人认购信托计划资金4050万元。同日,申请人与B2类委托人D签署《差额补足合同》。该合同约定,如在C23号信托计划终止时(包括提前终止),申请人在该信托计划项下获取的实际收益不足以覆盖其在该信托计划项下B1类信托资金本金、信托计划收益的,则由D向申请人补足差额部分。2017年9月11日,申请人将认购资金2700万元汇至被申请人指定银行账户。而后,C23号信托计划全部亏损,申请人认为,被申请人在推介C23号信托计划过程中虚假陈述并提供虚假材料(如D的资金账户情况、证券账户情况、房屋所有权情况等),隐瞒C23号信托计划的风险系数,诱使申请人作出错误的认购决定。故提起仲裁,要求被申请人承担赔偿责任。

被申请人主张,在该案信托计划中,被申请人尽到了适当性义务、风险提示义务和信息披露义务。鉴于该信托计划为事务管理型信托业务,被申请人对信托计划委托人提供的材料无实质审查义务;相反,申请人作为合格投资者和专业投资机构,应依照合同约定承担对B2类委托人进行尽职调查的义务,并承担投资风险。申请人与B2类委托人D之间自行签订的《差额补足合同》,其权利义务仅限于合同双方当事人,与被申请人无关。申请人根据《差额补足合同》向D追偿不能,与被申请人没有关系,更不应由被申请人承担赔偿责任。

(2)仲裁庭观点

仲裁庭认为,双方在该案上的争议焦点,集中在,该案信托计划是事务管理型信托还是主动管理型信托,隐含的意思是,事务管理型信托的受托人仅提供"通道",无须承担对信托计划资料尽职调查的义务。该案《信托合同》第9.1条约定:"本信托为自益信托,委托人和受益人为同一人。"第10.1条约定:"本信托计划为全体委托人指定用途的事务管理类信托计划,信托计划财产由受托人按照法律和信托计划文件进行管理和运用,具体由受托人、委托人指令权人、保管银行和证券经纪商共同完成,各方按照信托计划项下的相关合同与协议履行各自的职责。"该等合同条款已经明确约定了,该案信托计划的类型系事务管理类信托计划。

并且,《〈全国法院民商事审判工作会议纪要〉理解与适用》认为,事务管理类信托业务为被动型、承担事务管理责任的通道型业务。事务管理型信托的主要特征包括:①信托设立之前的尽职调查由委托人或其指定的第三方自行负责。信托公司有权利对信托项目的合法、合规性进行独立的尽职调查。②信托的设立、信托财产的运用和处分等事项,均由委托人自主决定或信托文件事先明确约定。③信托公司仅依法履行必须由信托公司或必须以信托公司名义履行的管理职责,包括账户管理、清算分配及提供或出具必要文件以配合委托人管理信托财产等事务。④当信托终止时,以信托财产实际存续状态转移给信托财产权利归属人,或根据委托人的指令对信托财产进行处置。结合该案信托计划的法律文件中约定的内容及履行的实际情况来看,也基本符合上述事务管理型信托的特点。

由于该案信托计划应属于事务管理类信托,在基于该案信托合同成立的法律关系中,B2类委托人D的资产证明材料不属于C23号信托计划的法定信息披露义务范畴,也不属于该案信托合同约定的信息披露义务的范畴。虽然D的财务信息资料存在前后不一致的事实,但申请人以此为由认为,被申请人向申请人作出了虚假陈述、提供了虚假推介材料,从而要求被申请人对此向申请人承担损害赔偿责任的理由不能成立,仲裁庭不能支持申请人的此项仲裁请求。

故仲裁庭裁决,驳回申请人的全部诉讼请求。

(3)案例评析

该案争议焦点实则有二:一是该案信托计划是否属于事务管理类信托("通道业务");二是如果属于事务管理类信托,那么受托人的义务范围包括哪些。

关于事务管理类信托的判断标准,仲裁庭从两个角度判断:一是从形式上看,信托合同约定了,"本信托计划为全体委托人指定用途的事务管理类信托计划";二是从实质上看,该信托计划符合《〈全国法院民商事审判工作会议纪要〉理解与适用》中指出的事务管理类信托的特点。因此,仲裁庭认定,该案信托计划属于事务管理类信托。

关于受托人的义务范围,仲裁庭认为,应当按照信托合同的约定确定受托人的义务范围。在基于该案信托合同成立的法律关系中,B2类委托人D的资产证明材料不属于C23号信托计划的法定信息披露义务范畴,也不属于该案信托合同约定的信息披露义务的范畴。虽然D的财务信息资料存在前后不一致的事实,但仲裁庭仍然认定,受托人不应向委托人承担赔偿责任。

因此,仲裁庭驳回了委托人全部的仲裁请求。

4."通道业务"的司法案例分析(以"华澳信托案"为例)

(1)基本案情

原告吴某系投资人,通过上海寅浔投资某基金项目,再由上海寅浔作为委托人,与受托人华澳信托签订《信托合同》,将项目募集资金交付华澳信托,华澳信托再作为贷款人签订相关的《贷款合同》,将资金贷给实际用资人浙江联众公司,后因上海寅浔、浙江联众公司实际控制人刑事犯罪,导致吴某资金无法收回。

原告吴某向上海市浦东新区人民法院提起诉讼,要求华澳信托赔偿吴某100万元,并支付2013年8月3日起至款项实际付清之日止的,以100万元为本金,按人民银行同期贷款利率计收的利息。

上海市浦东新区人民法院一审判决,华澳信托应于判决生效之日起10日内,对吴某根据(2017)沪01刑初50号刑事判决,通过追赃程序追索不成的损失,华澳信托应在20万元的范围内承担补充赔偿责任。

而后,吴某及华澳信托均提出上诉,上海金融法院判决驳回上诉,维持原判。

(2)法院观点

上海金融法院认为,该案信托公司违背了两项最低限度义务:其一,该案委托人资金系向社会公众非法集资诈骗募集而来的,然而信托公司既未对此采取必要的防控措施,也未对社会投资者作相应警示,违背了审慎经营原则;其二,该案系信托通道业务,依据案涉信托合同约定,华澳信托不对借款人和信托资金所用于的项目作实质性尽职调查和审核，只提供事务管理服务。华澳信托在系争信托产品运行过程中确无义务对项目开展尽职调查。但是特殊之处在于，华澳信托出具了内容明显虚假的《项目风险排查报告》，该报告被犯罪分子用以蒙骗投资者，华澳信托违背了合理的注意义务。

综上所述，华澳信托在开展单一资金信托业务中，存在违反审慎经营原则的情况，在一定程度上侵害了吴某的利益，应当承担赔偿责任。

(3)案例评析

第一，关于通道业务的认定和效力，上海金融法院秉承了《九民纪要》的精神，认定华澳信托签订的《信托合同》系“通道业务”，此业务开展于2013年，根据“新老划断”原则，合同有效。

第二，华澳信托的义务，应当根据信托文件的约定加以确定。在该案中，华澳信托作为受托人，仅负有根据指定发放贷款并最终收回贷款的义务，华澳信托并不负有主动管理的职责，也不承担贷款风险。事实上，华澳信托根据单一信托委托人的指令将款项发放给浙江联众公司后，对后续资金流向和使用情况也无法进行监管。因此，吴某认为，华澳信托对信托财产缺乏监管，导致款项被犯罪分子转移，该主张缺乏事实依据，法院不予支持。

第三，在该案中，法院判决华澳信托承担赔偿责任的原因并不是由于其违反了《信托合同》的约定，也不是由于“通道业务”本身存在效力问题，而是因为华澳信托未尽到最低限度义务，即审慎经营原则和合理注意义务。若信托公司违反该义务且给投资人造成了实际损失,则需承担相应的赔偿责任。

第三节 金融仲裁理念发展

一、金融仲裁案件裁判理念的演变与发展

随着我国市场经济的不断发展以及金融产品和金融服务供给的不断丰富,金融市场主体也在不断发展变化。在金融交易已经内化成一种普遍的生活方式的背景下,金融交易当事人之间的关系发生了微妙变化。有学者提出,金融商事交易客体的复杂化、专业化,使金融消费者成为一个越来越庞大和独立的群体,他们与金融机构在商事交易活动中的交易关系具有不平等、不对称的特点,金融法律关系在发生重构。① 因此,本节试图从金融消费者的角度探索金融仲裁裁判理念的发展过程。

(一)金融仲裁裁判思路的演变

综观近些年的金融仲裁司法实践可以发现,涉及金融消费者的金融纠纷案件的裁判理念的发展,大致可分为以下几个阶段。

1. 契约必须信守下的"合同自由、买者风险自担"

虽然金融消费者的提法在近几年时常出现,但实际上,早期的司法实

① 参见丁冬:《金融司法的逻辑——中国金融司法专门化的组织构建与未来走向》,华东政法大学2019年博士学位论文,第5页。

践并没有对金融消费者给予很多关注。在民商事法律长期秉持的“契约必须信守”的基本立场下，多数法院及仲裁机构在此前也多是坚持“合同自由、买者风险自担”的裁判思路，金融消费者通过仲裁或诉讼的方式寻求司法救济往往比较难以得到支持。究其原因，主要还是由金融交易自身的特点决定的。

一方面，金融交易本质上是合同交易。无论是金融借款、证券等传统金融业务，还是金融产品销售、私募基金等新型金融业务，相关的金融交易都需要通过合同来安排权利义务、分配责任和风险。以金融借款合同为例，借贷双方关于合同成立与生效、借款金额、还款期限、担保措施、违约责任等的约定，都是在合同法律制度框架下进行的，而对金融借款合同行为的法律解释，也需要遵循合同法律法规的一般原则。因此，实际上，合同成为金融交易双方约定权利义务和分配责任风险的主要载体，也自然成为裁决机构解决纠纷的主要依据。

另一方面，金融交易也是一种商业风险交易，伴有市场风险、信用风险、操作风险等各类风险。金融市场天然的风险特质，决定了金融交易与一般的商事交易不同。在现代金融市场中，金融消费者进行金融交易，更多的是一个商业判断、选择和决策的过程。金融消费者基于自身所掌握的信息、所欲达成的交易目的等因素进行金融交易，受制于其所掌握信息的充分性以及对这些信息的综合认知和使用；同时，也必然隐含判断失误的风险。那么，一旦因为金融消费者自身的原因导致其判断错误、产生损失，则理应由其自行承担相应损失。

简言之,既然金融消费者与金融机构[①]进行金融交易是其自己的意思表示,则基于“出于自愿而达成的交易是公正的,并且金融消费者应对自己的行为负责”这一逻辑,早期,仲裁机构对金融消费者提起的金融仲裁诉求,往往不予支持。

2. 契约自由与契约正义选择下的“金融消费者倾斜保护”

但是,随着我国金融市场改革的深化推进,因金融机构误导金融消费者购买金融产品、金融服务而引发的金融纠纷层出不穷。在金融交易中,继续仅仅坚守“买方自担风险”的原则已不能切实保障广大金融消费者的合法利益,且影响金融市场的进一步发展。

因此,在2015年12月召开的全国法院第八次民事商事审判工作会议上,与会人员提出,要“正确处理契约自由与契约正义的关系。金融市场上的信息不对称加上投资者自身的知识和能力局限,使投资者在购买投资性金融产品或接受相关服务时往往无法真正理解其中的风险和收益,其主要依赖产品销售者和服务提供者的推介和说明。一般情况下交易双方缔约能力处于不对等地位。因此,必须依法确定卖方机构的”适当性“义务,确保金融消费者在充分了解投资标的及其风险的基础上作出自主决定,实现契约正义”。[②] 深得包括法院、仲裁机构在内的裁判机构的支持。自此,对涉及金融消费者案件的裁判理念逐渐改变,仲裁机构在审理相关金融纠纷

---

① 如无特别注明,下文的金融机构泛指金融产品发行人、销售者以及金融服务提供者等。

② 参见杨临萍:《最高人民法院关于当前商事审判工作中的若干具体问题》,载北大法宝网2015年12月24日,https://www.pkulaw.com/chl/194dc8ae331d6b52bdfb.html。

时也不再强调“买者风险自担”原则，转而开始突出对金融消费者的倾斜保护，要求金融机构承担一定的“适当性”义务。在仲裁实践中，倾斜性保护原则下的裁判思路主要体现在以下两个方面：

首先，倾斜性保护原则要求突出保障金融消费者的知情权。金融消费者在购买金融产品或者接受金融服务时，有权利获得相关的、必要的知识和信息，而金融机构在销售相关产品或提供服务时，也有义务根据金融消费者的实际状况，充分告知相关信息，且该告知说明义务应综合一般人能够理解的客观标准和金融消费者能够理解的主观标准。告知说明义务是金融消费者能够真正了解金融产品和金融服务收益和风险的关键，是金融机构履行“适当性”义务的核心。

其次，倾斜性保护原则还要求重新划分倾向金融消费者的举证责任。金融消费者在举证能力方面，较之金融机构具有天然弱势，特别是金融消费者对某些专业知识或者经验的欠缺，导致其只能依赖金融机构给予的充分说明。在此情形下，要求金融机构对金融消费者履行告知说明义务尤为重要。在倾斜性保护原则下，金融消费者只需对其购买产品或接受服务的相关事实承担举证责任，而金融机构则需要对其是否履行告知说明义务承担举证责任。金融机构如果在交易中没有履行相关义务或履行上存在瑕疵，金融机构应该对其不履行或瑕疵履行行为给金融消费者带来的损失承担赔偿责任。例如，在私募基金合同纠纷中，募集机构负有保存其履行适当性义务的风险揭示书、投资者风险承受能力调查问卷等相关信息资料的义务，也应因此对其是否已履行相应告知说明义务承担举证责任。

总之，金融市场的交易双方对商品交易信息的掌握高度不对称，加之交易双方力量差异十分悬殊，使金融消费者很难实现与金融机构之间的公平交易。这就要求法律伸出援助之手，给予金融消费者应有的倾斜保护，以矫正金融消费者与金融机构之间的信息不对称，维持二者在信息的搜集、掌握、辨别、理解等各方面的力量均衡。[①]

3. 在金融监管趋严下的“适当性”原则

2018 年 4 月 27 日，中国人民银行、中国银行保险监督管理委员会、中国证券监督管理委员会、国家外汇管理局联合发布了《资管新规》。根据《资管新规》的规定，金融机构发行和销售资产管理产品应当坚持“了解产品”和“了解客户”的经营理念，加强投资者适当性管理；且金融机构应向投资者传递“卖者尽责、买者自负”的理念，打破刚性兑付。随后，中国银行保险监督管理委员会于 2018 年 9 月 26 日发布了《商业银行理财业务监督管理办法》，作为《资管新规》的配套实施细则。《资管新规》等规范性文件的颁布，标志我国适当性义务制度的发展进入了新阶段。也正是由于监管部门逐渐加强了“投资者适当性管理”，直接影响了司法裁判理念的转变。

2019 年 11 月 8 日，最高人民法院发布了《九民纪要》，认为在审理金融机构与金融消费者之间因销售各类高风险等级金融产品和为金融消费者参与高风险等级投资活动提供服务而引发的民商事案件中，必须坚持

---

① 参见李沛：《金融消费者保护制度研究》，复旦大学 2011 年博士学位论文，第 31 页。

“卖者尽责、买者自负”原则,将金融消费者是否充分了解相关金融产品、投资活动的性质及风险并在此基础上作出自主决定,作为应当查明的案件基本事实,依法保护金融消费者的合法权益,规范金融机构的经营行为,推动形成公开、公平、公正的市场环境和市场秩序。

上述金融监管政策的变化以及司法裁判理念的转变,实际上是在此前赋予金融机构的告知说明义务仍不足以保护金融消费者权益的背景下发生的,监管部门、裁判机构转而采用更严格的适当性义务原则以规制金融机构。

适当性,是指要求金融机构将适当的产品销售给适当的客户。适当性义务是平衡金融市场中买卖双方交易不平等地位、信息不对称现象的有效工具,近年来,受到各国金融监管机关的高度重视。[①] 适当性义务要求,金融机构在向金融消费者推介、销售高风险等级金融产品,以及为金融消费者参与高风险等级投资活动提供服务的过程中,必须履行了解客户、了解产品、将适当的产品提供给适合的金融消费者。

赋予金融机构承担适当性义务的目的是,确保金融消费者能够在充分了解相关金融产品或者金融服务的性质及风险的基础上作出自主决定,并承受由此产生的收益和风险,以在买者风险自负与金融消费者保护之间实现一定的利益平衡。但是,也要注意到,对金融消费者的保护不应该是没有节制的。一方面,需要综合考虑金融消费者自身所具备的金融交易能

---

① 最高人民法院民事审判第二庭编著:《〈全国法院民商事审判工作会议纪要〉理解与适用》,人民法院出版社2019年版,第410页。

力，将对金融消费者的保护与专业的投资者区别开来，同时也有必要根据金融不同行业的特点，对不同的金融消费者实行有区别的保护，从而保障金融市场中各交易主体能够在相对公平的前提下进行交易。另一方面，如果金融消费者故意提供虚假信息、拒绝听取金融机构的建议，导致其购买产品或者接受服务不适当，也应认可金融机构免除相应的责任。例如，如果有证据表明，投资者被告知不适合购买相关产品后，仍主动要求购买风险等级高于其风险承受能力的产品，募集机构在确认其不属于风险承受能力最低类别的投资者，并就产品风险高于其承受能力进行特别的书面风险警示后，投资者仍坚持购买的，募集机构可不承担责任。

（二）金融仲裁裁判理念的发展

从早期的"合同自由、买者风险自担"，到后来的金融消费者倾斜保护，再到新时期的"卖者尽责、买者自负"，金融仲裁对涉金融消费者的金融纠纷案件的裁判理念正逐渐发生变化，而这些变化或将成为未来金融仲裁裁判理念整体发展的一个趋势。

1. 主体形式平等到主体实质平等

金融市场的发展离不开金融消费者的积极参与，保护金融消费者的合法权益也是保障金融改革深化、促进金融市场健康发展的必然要求。但是，以契约自由、意思自治为典型特征的形式平等原则处理现代金融体系下金融机构与金融消费者之间的纠纷争议，并不能实现金融交易中的公平、正义。金融交易双方的地位悬殊，经济实力、信息获取能力悬殊等因素造成了金融机构与金融消费者事实上的地位不平等，所以有必要对这种

"失衡"进行纠偏,以实现金融机构与金融消费者的地位平等和利益均衡。[①] 因此,既要坚持各类市场主体法律地位平等、权利保护平等和发展机会平等的原则,也要避免片面强调形式平等,忽略对不同社会群体权利实质平等的法律保护要求,特别是在金融消费者权利方面,要深刻认识相关法律规定的制定背景和价值导向,提高资源配置效率和公平性。强势的一方应承担一定的社会责任从而维护交易中的实质平等,实现真正意义上的平等。

2. 金融交易前期的保护到金融交易全流程的覆盖

如果说,金融机构在交易前尽到告知说明义务,充分披露产品信息即视为已履行义务,则尽到适当性义务就需要金融机构更积极主动地发挥专业能力,这是对金融机构提出了更高要求。以私募基金合同纠纷为例,在向投资者推介产品前,募集机构或其委托的销售机构应采取问卷调查等方式履行特定对象确定程序,对投资者风险识别能力和风险承担能力进行评估,向相匹配的投资者推介产品,且推介材料的内容应真实、完整、准确,与基金合同主要内容不一致的,需向投资者特别说明,确保投资者能够在充分了解相关产品的性质及风险的基础上作出自主决定,并承受由此产生的收益和风险。在签订基金合同后,管理人应按照合同所约定的种类、内容、频率、方式主动进行信息披露,并保证所披露信息真实、准确、完整,否则,应认定管理人违反合同约定,未尽到恪尽职守、诚实信用、谨慎勤勉等义

① 参见刘博涵:《论金融法学体系的建构、重塑与拓展——基于领域法学视角的考察》,载陈云良主编:《经济法论丛》总第34期,社会科学文献出版社2019年版,第178~185页。

务。此外,管理人应严格按照合同约定的投资标的或投资范围进行投资,如有证据表明存在超范围投资,应赔偿投资者的损失。

3. 金融仲裁的裁判理念受金融监管政策的影响逐渐加大

近年来,由于我国不断改革金融体制,金融监管体制也发生了一些适应性转变,从2016年12月12日中国证券监督管理委员会发布了《证券期货投资者适当性管理办法》,到2018年4月27日中国人民银行等部门联合发布了《资管新规》,2018年9月26日中国银行保险监督管理委员会发布了《商业银行理财业务监督管理办法》,作为《资管新规》的配套实施细则,再到2019年12月28日新修订的《证券法》在法律层面上明确规定了金融机构的适当性义务,我国陆续颁布和实施了多部金融法律法规。上述规定反映了,近年来我国对金融消费者的保护方式已经从原有单纯满足监管规范要件的“形式合规”逐渐转向以实现金融消费者保护为目标的“实质合规”。

而在司法层面上,金融仲裁的裁判理念也作出了相应调整,以体现金融司法有效回应金融监管、金融司法与金融监管协调衔接的司法立场,并有了早期的“合同自由、买者风险自担”到新时期下“卖者尽责、买者自负”等裁判理念的转变。

但是,我们也要注意到,金融司法与金融监管的协调,并不必然意味着金融司法必须在金融商事交易行为的效力判断、法律规制等方面秉持完全相同的立场,更不意味着金融司法与金融监管的混同。金融司法与金融监管的“协调衔接”,理应建立在理解和尊重金融司法与金融监管的职能区分和功能限度的基础上,遵循司法的"法律逻辑"展开。否则,可能背离司法权的本质特征,混淆了金融司法与金融监管在职责定位上的概念。

(三)小结

金融仲裁作为一种便捷有效的纠纷解决方式,在解决金融机构与金融消费者之间的法律纠纷方面具有非常重要的地位。特别是金融仲裁具有平等性、快捷性、保密性和权威性,对处于相对弱势的金融消费者来说,有助于其降低法律救济成本和救济风险,对其具有更加突出的保护意义。展望未来,金融仲裁在防范化解金融风险、维护金融安全稳定、践行社会治理方面必将发挥更积极的作用,并为金融行业提供更高品质的仲裁服务。

二、金融仲裁案件对行业惯例和规则的影响和确立

金融仲裁案件仲裁的过程便是界定金融法律关系中各方权利义务关系的过程。对于单个金融机构来说,一例金融仲裁案件的结果往往会反过来影响其前端的业务开展流程,而对于整个金融行业来说,多例同类的金融仲裁案件结果还可能影响或确立行业惯例和规则,体现出法律与商事相互交融的特点。本节试图以常见的资管合同纠纷为例,以金融机构可能承担的义务为视角,探讨金融仲裁案件对行业惯例和规则的影响和确立。

(一)动态维度:金融机构义务群初步成型

在资管业务中,金融机构与投资者之间的权利义务主要通过资管合同予以明确。因此,金融机构在资管业务中所承担的义务也主要体现在资管合同成立并生效直至资管合同终止这个期间,但是,从动态发展的视角审

视金融机构的义务构成可以发现，有关资管合同纠纷的仲裁结果在不断地确认金融机构的义务并已经延展至合同前后。金融机构对投资者承担的义务根据资管业务开展的进程呈现动态变化的特点，并形成主要由前合同义务、合同义务与后合同义务构成的“义务群”，从而对投资者形成周至的保护。

1. 金融机构的先合同义务

在资管产品推介的过程中，因投资者与金融机构尚未签订具体的资管合同，故投资者与金融机构并未建立合同关系，金融机构不承担合同项下的义务。但金融机构仍需按照法律规定与监管要求履行先合同义务，其中最典型的先合同义务便是适当性义务。适当性义务要求金融机构需将适当的产品（或者服务）销售（或者提供）给适合的投资者，因为“金融产品的结构日益复杂、风险日益隐蔽，而金融机构日益庞大，作为买者的金融消费者与作为卖者的金融机构在信息、资金和地位等方面存在严重的不对称”。[①] 因此，课以金融机构此项先合同义务的正当性基础在于，“平衡金融市场中买卖双方交易不平等地位、信息不对称现象”。[②]

2. 金融机构的合同义务

资管合同的本质是“受人之托，代人理财”业务下各方权利义务关系的一种契约安排，因而奉行意思自治原则，金融机构承担何种合同义务主

---

① 黄辉：《金融机构的投资者适当性义务：实证研究与完善建议》，载《法学评论》2021 年第 2 期。

② 王锐：《金融机构适当性义务司法适用的实证分析》，载《法律适用（司法案例）》2017 年第 20 期。

要在投资者与金融机构自主协商的基础上予以确定,虽有监管机关通过制订资管合同格式指引等方式规范资管合同的内容,但仍不能从根本上改变资管合同是投资者与金融机构合意的产物。鉴于投资者与金融机构的互动集中发生在合同履行的过程中,故金融机构的合同义务是构成金融机构“义务群”的主要组成部分。金融机构典型的合同义务包括:按照约定的投资范围进行投资、按照约定的时间和方式对投资者进行信息披露以及按照约定的时间和方式配合投资者赎回投资份额等。

3. 金融机构的后合同义务

资管合同的终止并不意味着金融机构不再向投资者承担任何义务,事实上,基于资管合同的约定、相关监管规定或者是诚实信用原则,金融机构可能仍需要履行一定的后合同义务。例如,基于投资者监督管理人及托管人履行投资管理和托管义务的权利,可能衍生出资管合同终止以后,管理人和托管人应投资者的要求向其提供关于投资的年度报告、净值报告、投资明细报告和清盘报告等资料的义务,若管理人和托管人未尽到此项义务,则可能在相关的仲裁中承担不利的法律后果。

(二)静态维度:金融机构义务判定有迹可循

资管业务中金融机构对投资者承担从合同生效前至合同终止后广泛的义务,由资管业务引发的仲裁的争议焦点往往围绕金融机构是否承担或有效履行“义务群”中的一项或多项义务而展开,仲裁作为定分止争的过程使金融机构的义务判定渐渐变得有迹可循。

1. 尊重合同约定

仲裁相较诉讼,对当事人的意思自治显示出更强大的包容性,围绕资管合同引发的纠纷,仲裁庭也往往首先聚焦于资管合同的约定。如果资管合同对金融机构是否承担某项义务或者如何履行某项义务有清楚明确的约定,则原则上尊重投资者与金融机构之间的约定。但如果资管合同对金融机构是否承担某项义务或者如何履行某项义务的约定存在不清晰、不明确之处,则需综合运用合同解释的各种方法以明晰金融机构的义务范围。此外,资管合同通常是由管理人提供的格式文本,因此,在尊重合同约定的基础上,也需考虑格式条款特殊规制规则在资管合同纠纷中的适用,以保护作为格式条款接受方的投资者利益。

2. 遵循监管规则

资产管理作为一种受到严格监管的业务,在投资者与金融机构的意思自治之外,还需遵循特定的监管规则,且此种监管规则往往不允许当事人通过意思自治予以排除,显现出强制性规范的特点。例如,统一适用于各类资管业务的《关于规范金融机构资产管理业务的指导意见》禁止金融机构作出“刚性兑付”与“保本保收益”的承诺,因此,即使投资者与金融机构在合同中约定有类似条款,亦难以获得法律效力,同时还可能使金融机构面临合规风险。由此,显示出资管业务中投资者与金融机构意思自治的空间并非无边际,也并非所有的资管合同约定都能得到法律的承认,金融机构义务范围的判定还需遵循相关的监管规则。

3. 识别倡导规范

倡导性规范,即提倡和诱导当事人采用特定行为模式的法律规范。[1]倡导性规范尽管确定了合同当事人的行为准则,但却仅具有倡导性,因而其并非裁判者可以运用的裁判规范。它只是提倡和诱导交易关系的当事人采取特定的行为模式,以求最大限度地实现自身的利益,犹如陡峭山路上的指示牌,目的在于提醒路人注意自身安全。[2] 在规范资管业务的众多规范中,除当事人可以通过约定排除的任意性规范与不可约定排除的强制性规范外,还存在立法机关为更好地保护投资者利益或者是规范资管业务而制订的倡导性规范。监管机关往往鼓励金融机构遵循此类倡导性规范,但在资管合同未有相关约定的情形下,不宜以金融机构未遵循倡导性规范而认定其违反义务。例如,《私募投资基金募集行为管理办法》第 30 条和第 31 条规定,募集机构应当在投资冷静期满后对投资者进行回访;但同时又规定,中国基金业协会鼓励募集机构按照本办法第 30 条、第 31 条的规定实施回访制度,正式实施时间在评估相关实施效果后另行通知。故在中国证券投资基金业协会正式实施募集回访制度前,宜将回访作为中国证券投资基金业协会所倡导的业务规范。

4. 衡量审慎程度

鉴于资管业务高度复杂、专业化的特点,投资者与金融机构往往会通过订立一份内容丰富的资管合同以合理界定各方的权利义务关系,同时,

① 王轶:《论倡导性规范——以合同法为背景的分析》,载《清华法学》2007 年第 1 期。

② 王轶:《论倡导性规范——以合同法为背景的分析》,载《清华法学》2007 年第 1 期。

还有监管机关为规范资管业务而制订诸多的监管规定。但任何的约定与规定均无法穷尽现实中复杂的交易场景，而语言天然内在的含混性又为金融机构义务的判定增加了困难。因此，在当事人约定与监管规定未尽之处，考察金融机构是否尽到合理的勤勉审慎义务往往成为裁决的基准。例如，在资管合同中，往往会约定托管人仅对管理人的投资划款指令承担形式审核的义务，但如何判定托管人已经尽到形式审核义务有时却需要诉诸一般的审慎标准。在一起仲裁案件中，仲裁庭认为，托管人只要认真审核所有交易法律文件即可发现管理人超出约定范围进行投资的行为，但托管人却没有做到，因而认定托管人未履行其对管理人的监督职责。在该案中，仲裁庭便是在衡量审慎程度的基础上界定金融机构的义务范围。

（三）内部维度：员工行为责任归属逐渐清晰

金融机构作为拟制的法律主体，其在从事资管业务的过程中需要通过作为其员工的个人，完成从募集、投资、管理和退出的各个业务流程。在此过程中，可能出现员工违规行为是否应当由其所在金融机构承担责任的争议。此方面典型的纠纷为，金融机构员工在向投资者推介资管产品时违规作出保本承诺的责任归属问题。

对此，一种可能的回答是，区分投资者对金融机构员工的违规保本承诺是否具有合理信赖，而这往往与金融机构是否尽到适当性义务存在密切联系，“不管是英美法系的信义义务，还是大陆法系的诚实信用原则，两者都强调投资者适当性义务规则源于金融机构与投资者之间的信赖关系。"[1]具体而言,若金融机构因未尽到适当性义务而导致缺乏专业知识与投资经验的非合格投资者购买资管产品,则此时,投资者更有可能信赖金融机构员工的违规保本承诺,金融机构对其员工的违规保本承诺更有可能承担责任;若金融机构已经尽到适当性义务,或者虽没有尽到适当性义务但不影响合格投资者自主作出投资行为的,则此时,投资者知道或应当知道资管业务的保本承诺已为监管机关明令禁止,不应对金融机构员工的违规保本承诺产生合理信赖,故金融机构对其员工违规保本承诺承担责任的可能性更小。

在实践中,由员工违规行为引发的责任归属问题可能贯穿资管业务募投管退的各个环节,仲裁机构裁决相关纠纷的过程实际上也是统一法律适用的过程,仲裁的结果使员工行为的责任归属逐渐清晰。

(四)外部维度:管理人与托管人责任分担趋向一致

在资管业务中,为了保障投资人的资金安全,除管理人外,常常还会聘任托管人并约定由托管人对管理人的投资行为履行监督职责,因此,在由资管业务引起的纠纷中,投资者往往也会将管理人与托管人一并作为被申请人并请求管理人与托管人对其损失承担连带赔偿责任。但在实践中,管理人与托管人因共同行为造成投资人损失的可能性较低,因此,仲裁庭支持申请人请求管理人与托管人就其损失承担连带赔偿责任的案件也较少,更多的争议往往围绕在各自存在过错的情形中,管理人与托管人如何分担

---

① 何颖、阮少凯:《论金融产品销售商的投资者适当性义务》,载《财经法学》2021年第1期。

责任这一问题展开。

近期的裁判动向显示，管理人与托管人责任分担趋向一致的特征，即管理人往往承担主要的赔偿责任，托管人往往不承担责任或者承担次要的赔偿责任。当管理人承担次要赔偿责任时，有时管理人与托管人按照确定的比例承担按份责任，有时托管人在管理人不能承担的责任范围内承担补充赔偿责任。

（五）小结

金融仲裁案件对行业惯例和规则的影响和确立，在动态维度上表现为金融机构“义务群”初步成型；在静态维度上表现为金融机构义务判定有迹可循；在内部维度上表现为员工行为责任归属逐渐清晰；在外部维度上表现为管理人与托管人责任分担趋向一致。鉴于仲裁具有快捷、便利、私密的特点，仲裁已经越来越成为金融机构青睐的纠纷解决方式，仲裁的结果也将进一步确认与形塑金融行业的惯例与规则。

第四章 仲裁员利益冲突及回避情形热点问题研究

为了解近年的国际商事仲裁领域仲裁员利益冲突及回避问题的实务动态及发展状况,本章对国内外近些年,尤其是2018～2020年的案例、规则及规定进行回顾性研究,试图重建该领域的最新图景,并解析发现的问题。需要说明的是,本章不代表任何组织的立场,仅为各界关心仲裁发展的人士和机构筛选信息,为深入探讨相关问题、完善仲裁员制度提供便利。

第一节 商事仲裁中的仲裁员利益冲突

一、仲裁法规、仲裁规则与仲裁员守则述评

仲裁员是仲裁制度的基石,应当公正且独立于当事人。现今国际上通说认为,无论是当事人选定的仲裁员、由指定机构代指定的仲裁员,还是独任仲裁员或首席仲裁员,均适用相同的独立和公正义务。在仲裁员独立和公正义务的要求下,与具体个案有利益冲突者,当然不能担任该案的仲裁员;如果仲裁程序已经开始,应拒绝继续担任仲裁员。至于何种情况属于

存在利益冲突,乃至应予回避,各国法律规定及实践不尽相同。

(一)国际层面

国际律师协会为解决不同法系关于国际仲裁中利益冲突的不同见解,在总结最佳国际实践的基础上,于2004年初次提出《国际律师协会国际仲裁利益冲突指引》(以下简称《利冲指引》)。随后,又根据一些国家的法律及实践分析,于2014年发布了修订版,[①]在国际仲裁界获得了广泛认可和适用,具有很高的参考价值。

《利冲指引》分为两大部分:第一部分是一般标准及国际律师协会对该一般标准的解释,供各界参考;第二部分则列举了一般标准实际适用的情形,并根据严重程度,以红、橙、绿三色清单的方式呈现,以提升在具体应用上的明确性和一致性,并避免不必要的回避申请。《利冲指引》特别指出,这些清单是对具体情形的"非穷尽式列举",不能涵盖实务上可能发生的每种情况,在一切情况下,仍然应该以一般标准为准。[②]

根据《利冲指引》一般标准第(2)条的规定,所谓存在利益冲突,包括下列情况:其一,仲裁员本身对其公正性或独立性有任何疑虑,则仲裁员应拒绝接受指定,如果仲裁程序已经开始,应拒绝继续担任仲裁员;[③]其二,如果知悉相关事实和情形的"合理的第三人看来"(from the point of view of a reasonable third person)将产生对仲裁员的公正性或独立性的正当怀

① 本文以下述及《利冲指引》的内容,除另有特别说明外,均以2014年版的内容为准。
② 参见《利冲指引》第二部分第一段。
③ 《利冲指引》一般标准第(2)(a)条。

疑,也被认为存在利益冲突,除非当事人明示或默示接受该仲裁员。①

至于何为"对仲裁员的公正性或独立性的正当怀疑",即如果"合理的知情第三人"认为,仲裁员在作出裁决时可能会受到当事人陈述的案件是非之外的因素的影响,则该怀疑是正当的。② 因此,此处的判断标准是采"客观标准说"。并且,如果存在不可弃权的红色清单所描述的任何情形,那么对仲裁员的公正性或独立性的正当怀疑必然成立,无法因当事人的同意而消除。

基于独立和公正义务,仲裁员对于"可能"引起对其公正性产生合理怀疑的任何情况,负有披露义务。③ 仲裁员的披露义务并不仅仅是良好的仲裁实践要求,也是一项法律义务。《仲裁示范法》及许多国家的法律均明文规定了仲裁员的披露义务。④

1. 披露义务的范围

相对判断仲裁员是否存在利益冲突时采取"客观说"的标准,《利冲指引》在判断仲裁员是否负有披露义务时,则采取"主观说",即"如果存在当事人看来可能令仲裁员公正性或独立性受到怀疑的事实或情形",⑤则仲裁员负有披露义务。

此外,根据《仲裁示范法》第12条的规定,仲裁员的披露义务是披露

① 《利冲指引》一般标准第(2)(b)条。
② 《利冲指引》一般标准第(2)(c)条。
③ 《仲裁示范法》第12条第1款。
④ 《仲裁示范法》第12条第1款。
⑤ 《利冲指引》一般标准第(3)(a)条。

“可能”(likely)引起对其公正性产生合理怀疑的任何情况(《仲裁示范法》第12条第1款);而“只有存在引起对仲裁员的公正性或独立性产生正当怀疑的情况或仲裁员不具备当事人约定的资格时,才可以申请仲裁员回避”(《仲裁示范法》第12条第2款)。前者较后者多了“可能”一词,范围较广,因此,国际上多数见解认为,仲裁员负有披露义务的范围大于可以申请仲裁员回避事由的范围。

《利冲指引》第二部分的红、橙、绿三色清单提供了明确具体的指引,具有很强的实操性。“红色清单”所列情况,是指这些情况从知悉相关事实和情况的理性第三人看来,存在客观的重大利益冲突。“红色清单”又可分为“不可弃权的红色清单”和“可弃权的红色清单”两个部分。如果是“不可弃权的红色清单”,则包括了基于“任何人不得为自己的法官”这一首要原则的各种情形。因此,即便各方当事人接受此等情形也不能消除利益冲突。如果是属于“可弃权的红色清单”,由于其利益冲突的严重性,只有当当事人知悉利益冲突情形存在,且仍明确表示愿意由该候选人来担任仲裁员时,才会被认为该利益冲突情形已被当事人豁免。

相对而言,“橙色清单”所列情形,是指从当事人的眼光看来,可能对由该候选人担任仲裁员的公正性、独立性产生怀疑,因此,仲裁员候选人有义务披露这些情况。但如果当事人没有在仲裁员候选人披露后及时提出异议,则可以推定各方当事人已接受此情况。

“绿色清单”,是指从客观角度来看,表面不存在且实际不存在利益冲突。因此,对“绿色清单”所列情形,仲裁员候选人没有披露的义务。

2. 披露的目的

如前所述,仲裁员负有披露义务的范围大于可以申请仲裁员回避事由的范围。因此,仲裁员进行披露并不代表存在利益冲突。进行披露的仲裁员认为,尽管存在所披露的情形,其自身仍是公正、独立的,否则该仲裁员应该已经拒绝接受指定或辞任了。① 故披露的目的在于,给当事人一个机会判断他们是否同意仲裁员(关于其仍是公正、独立的)的评估。②

3. 披露义务是持续性的义务

仲裁员负有在整个仲裁程序中均应维持独立公正的义务。相应地,关于仲裁员负有披露义务的时间点,不仅在其被当事人或仲裁机构征询是否担任特定仲裁案件的仲裁员时,且在被选任或指定后的整个仲裁程序中,均持续负有披露义务。③

曾有观点认为,在仲裁程序启动后的阶段,为确保仲裁程序妥善终结,仲裁员的披露义务应相对减轻。④ 但《利冲指引》表明不采此见解,《利冲指引》一般标准第3(e)条指出:"当考虑应披露的事实或情形是否存在时,仲裁员不应考虑仲裁程序是处于开始阶段还是晚些阶段";一般标准第3(e)条进一步阐明:"在判定仲裁员是否应进行披露、是否应拒绝指定、是否应拒绝继续担任仲裁员时,只有事实和情形才具有相关性,(仲裁)程序所处阶段或回避的后果都不具有相关性。"

---

① 《利冲指引》一般标准第3(c)条。
② 《利冲指引》一般标准第3(c)条。
③ 《利冲指引》一般标准第(3)(a)条。
④ 《利冲指引》一般标准第(3)(b)条。

针对在实务中,有越来越多的仲裁员候选人对未来可能发生的事实或情形并由此可能导致的利益冲突作出预先声明或弃权,《利冲指引》特别指出,这些预先声明或弃权并不能免除前述仲裁员持续性的披露义务。先行声明或弃权的有效性和效力还要根据先行声明或弃权的具体内容、即将发生的特定情况和适用的法律等,在具体个案中评估。[①]

4. 仲裁员未尽披露义务的法律效果

未能披露某些在当事人看来可能对仲裁员的公正和独立产生怀疑的事实和情形,并不必然意味着该仲裁员存在利益冲突,也不足以单独构成申请仲裁员回避的事由。[②] 但亦应注意,英国最高法院在"Halliburton 案"(详后述)中表示,未能披露相关事项是公正和知情的观察者在评估是否存在偏见时应考虑的一个因素。[③]

(二)国内层面

2017 年《仲裁法》未具体规定仲裁员利益冲突及披露问题,仅在第 34 条对仲裁员必须回避的情形作了规定:(1)仲裁员是案件当事人本人,或与当事人、代理人存在近亲属关系;(2)仲裁员与案件结果存在利害关系;(3)仲裁员与案件当事人或代理人存在可能影响公正仲裁的其他关系;(4)仲裁员私自会见当事人、代理人,或者不当接受当事人、代理人的请客送礼。

---

① 《利冲指引》一般标准第(3)(b)条。

② 《利冲指引》一般标准的实际适用第 5 条;《利冲指引》一般标准第(3)(c)条。

③ "Halliburton 案"英国最高法院判决第 117 ~ 118 段。

中国主流机构的仲裁规则、仲裁员守则都对仲裁员利益冲突问题进行了规定。例如,2015 年《中国国际经济贸易仲裁委员会仲裁规则》(以下简称《贸仲规则》)第 32 条规定,当事人对仲裁员的独立性和公正性产生正当怀疑时,在说明回避事由并提出证据的基础上,可以书面请求该仲裁员回避。同样,应予回避的情形也远比应予披露的范围小。例如,2021 年《中国国际经济贸易仲裁委员会仲裁员守则》第 9 条规定,仲裁员应当保证开庭和合议的时间,不得因其他事务随意影响案件审理,遇有特殊情况须提前报告仲裁机构。这意味着,虽然职业伦理要求仲裁员应当准时出庭,但这项要求难以成为仲裁员回避的正当事由。当然,这不意味着仲裁员可以随意对待职业伦理,因为在仲裁这种名誉型行业中,风评不佳的仲裁员更容易被淘汰。①

二、国内关于仲裁员利益冲突及回避实务概况

为确保能够真实反映仲裁员利益冲突问题在国内实践中的概貌,本次收集的案例不仅源于贸仲的内部数据,还包括“无讼案例”数据库。经统计,近 3 年来,贸仲受理回避申请 71 项,作出书面回避决定 0 份;全国法院系统受理涉及仲裁员利益冲突案件 989 件,法院裁定撤销或不予执行 6 件。其中,2020 年法院共受理涉及仲裁员利益冲突案件 211 件,裁定撤销或不予执行 0 件;2019 年法院共受理涉及仲裁员利益冲突案件 370 件,裁

---

① 参见宋连斌、颜杰雄:《申请撤销仲裁裁决:现状·问题·建言》,载《法学评论》2013 年第 6 期。

定撤销或不予执行6件;2018年法院共受理涉及仲裁员利益冲突案件408件,裁定撤销或不予执行0件。经多方对比,特别是对“中国裁判文书网”和“北大法宝”数据库另行抽样确认,笔者发现,以上数据基本能够反映仲裁员利益冲突案件在司法实践中的真实情况。需要说明的是,受限于时间及数据获得的难度与工作量,这里并没有统计国际上的相关情形。

由以上数据可知,在实务中,以利益冲突为由决定仲裁员回避或消灭裁决效力的案件维持在一个较低的比例。这种情况的出现,并不是仲裁机构或法院未尽勤谨义务。在实务中,一般而言,仲裁员在接受指定时,如自认为存在理应回避的情形,就不会接受指定,当然也就不会走到由仲裁委员会决定其回避那一步。此外,仲裁员在被当事人申请回避后,即使明知其申请理由不成立,为避免无谓纷扰或妨碍仲裁程序的推进,通常也会自愿退出,较少选择由仲裁机构决定,或者裁决作出后由法院认定。所以,综上所述,此种数据一方面意味着中国已经初步建立了一支高素质的仲裁队伍,仲裁正稳步上升为公众认同的争议解决方式;另一方面,也体现了中国法院对仲裁的支持和信任。下文对收集到的案例进行分类整理,并对其中的重要案例和关键问题作专门评析。

第二节　仲裁员利益冲突的典型案例解析

就国际层面而言,本章仅分析了近期为数不多的引起重大国际影响的案例,但国内案例则丰富得多。本次收集的仲裁员利益冲突案例,大致可分为违反仲裁法规、违反仲裁规则、违反仲裁员守则以及其他案例 4 种类型。分析典型案例,对于明晰仲裁员利益冲突问题的边界具有重要参考意义。

一、国际案例

1.“孙某案”

瑞士联邦最高法院于2020年12月22日判决撤销国际体育仲裁院(Court of Arbitration for Sport,CAS)对中国著名泳将孙某禁赛8年的处分,①原因是该案仲裁庭首席仲裁员弗拉第尼(Franco Frattini)曾发表过激言论。② 事件具体经过是:孙某在申请撤销仲裁裁决期限届满后,发现一篇文章。文章称,该案仲裁庭首席仲裁员在仲裁之前和仲裁期间,在其个人的公开推特账户上发表涉及中国和犬类权益的过激言论,因而向瑞士联邦最高法院声称该仲裁员存在偏见,申请将案件发回重新仲裁。瑞士联邦最高法院认为,在申请是否逾期方面,当事人对仲裁员的公正性和独立性的关切义务是有界限的,并不要求其耗费大量时间去审查仲裁员在各种社交网络上是否有不当言论。并且在该案中,CAS 和世界反兴奋剂机构(Wortd Anti-Doping Agency,WADA)也无法证明孙某在行使权利时早已知晓这些言论,因此孙某的申请并未逾期;在实体方面,仲裁员有言论自由,该案首席仲裁员的大多数过激言论并不直接涉及孙某本人,因此与该案无关。但该

---

① 2020年2月28日,仲裁庭判定孙某违反《国际泳联反兴奋剂规则》(FINA Doping Control Rules)第2.5条,禁赛8年。2021年6月22日,CAS 新组建的仲裁庭经重新仲裁,改为判处孙某4年零3个月(51个月)禁赛。

② 其言论具体内容请参见瑞士联邦最高法院在该案判决第5大段中的引述,Federal Tribunal decision 4A－318/2020,载 SAD2020年12月22日,https://www.swissarbitrationdecisions.com/atf－4a－318－2020。

法院亦认为,该仲裁员在“孙某案”仲裁过程中对中国犬类权益问题的过激言论中提到的“黄脸”(yellow face)一词修饰的名词是单数,涉及种族主义,因此可能令人(孙某)在客观上对其公正性、产生合理怀疑,因此,法院批准将案件发回重新仲裁,并且罢免了该名首席仲裁员。瑞士联邦最高法院在其判决中明文援引《利冲指引》一般标准第2(c)条,[①]认为从理性的第三人看来,首席仲裁员弗拉第尼的推特发文可导致对其公正性的正当怀疑,足以造成其有偏见的外观或表象。法院认为,尽管仲裁员可以在社交媒体中提倡其信念(例如,在该案涉及提倡动物的权利),但其仍应有所自制地表达意见,无论其在发表意见时是否正在执行仲裁员职务。

“孙某案”当然不是一个典型的国际商事仲裁案例,但鉴于申请撤销CAS裁决的管辖法院是瑞士联邦最高法院,其审查的依据与一般国际商事仲裁裁决无异,所以,该案关于仲裁员操守的讨论不仅限于体育仲裁领域,对一般国际商事仲裁的仲裁员也具有警示意义。

2. “Halliburton 案”

2020年11月27日英国最高法院作出的“Halliburton Company v. Chubb Bermuda Insurance Ltd. 案”[②](以下简称“Halliburton 案”)的判决受到广泛关注,该案涉及同一仲裁员肯尼思·罗基逊(Kenneth Rokison QC)

---

① 其言论具体内容请参见瑞士联邦最高法院在该案判决第7.4段中的引述,Federal Tribunal decision 4A－318/2020,载SAD2020年12月22日,https://www.swissarbitrationdecisions.com/atf－4a－318－2020。

② Halliburton Company (Appellant) v. Chubb Bermuda Insurance Ltd. (formerly known as Ace Bermuda Insurance Ltd.) (Respondent), (2020) UKSC 48.

(以下简称罗基逊)在先后共3起涉及同一漏油事件的仲裁案件中担任仲裁员,却没有披露其已在相关案件担任仲裁员的事实。当 Halliburton Company 得知罗基逊在相关案件担任仲裁员后,以此为由向英国法院申请罗基逊回避,原审法院驳回申请,经 Halliburton Company 上诉至英国最高法院。英国最高法院认为,罗基逊在相关的后案中的确负有法定的披露义务,[①]并且未尽其揭露义务;但考虑所有相关的情况认为,一位公正且知情的观察者(fair-minded and informed observer)并不会因此得出罗基逊存在偏见的真正可能性(real possibility of bias)的结论。[②] 因此,驳回上诉。从该案可见,英国最高法院关于判断仲裁员是否具有利益冲突时,所适用的判断标准也是客观标准。

此外,英国最高法院在该案中探讨了仲裁员的披露义务与保密义务之间的关系,并认为,仲裁员披露的法律义务并不凌驾于英国法项下仲裁员的隐私和保密义务之上。如果对于需要披露的信息负有保密义务,则只有在负有保密义务的当事人同意的情况下才能披露。该同意可以是明示的,也可以从仲裁协议本身依据相关领域之仲裁的习惯及实践推定。[③] 仲裁员的披露义务是披露可能引起对其公正性产生合理怀疑的事项,[④]未能披露相关事项是公正和知情的观察者在评估是否存在偏见时应考虑的一个

---

① Halliburton Company (Appellant) v. Chubb Bermuda Insurance Ltd. (formerly known as Ace Bermuda Insurance Ltd.) (Respondent), (2020) UKSC 48.

② "Halliburto 案"英国最高法院判决第149～150段。

③ "Halliburton 案"英国最高法院判决第88～104段。

④ "Halliburton 案"英国最高法院判决第107～116段。

因素。[①]

二、国内实践

(一)违反仲裁法规

1. 仲裁员收取当事人或代理人的财物

为转移资产、对抗银行的合法债权,A 与 B 恶意串通,捏造双方在 2012 年订立房屋租赁合同的虚假事实。独任仲裁员 C 在事先接受过当事人的咨询、明知该房屋租赁纠纷涉及虚假仲裁的情况下,仍然采信伪造的证据,并根据双方的虚假陈述作出仲裁裁决。事后,独任仲裁员 C 收取 A 给予的 53,000 元好处费。[②]

不难看出,独任仲裁员 C 的行为构成利益冲突,其不应接受指定,或者至少在接受指定时应予以充分披露并得到双方当事人的接受,否则就必须回避。应回避而没有回避的,其所作裁决应当裁定予以撤销或不予执行(视当事人寻求的救济)。需要注意的是,除民事责任外,独任仲裁员 C 还需承担刑事责任。虽然独任仲裁员 C 的编制不在仲裁机构,不属于事业单位从事公务的人员,但其行为符合非国家工作人员受贿罪的一般特征。然而,根据 2016 年最高人民法院、最高人民检察院《关于办理贪污贿赂刑事案件适用法律若干问题的解释》第 11 条第 1 款的规定,非国家工作人员受

---

① "Halliburton 案"英国最高法院判决第 117 ~ 118 段。

② 参见昆明市中级人民法院刑事判决书(2018)云 01 刑终 703 号。

贿罪的立案金额须达到人民币6万元,因此独任仲裁员C虽有受贿行为,但受贿金额未达到入罪标准,故难以枉法仲裁罪追究其刑事责任。这一罕见的案例表明,隐瞒真相不予披露、不予回避,甚至接受当事人的财物,情节严重的,可能涉嫌犯罪。

2. 仲裁员私自会见当事人或代理人

A与B因工程承包合同产生纠纷,将争议提交北仲仲裁。在案件审理过程中,仲裁员C私自接受A的宴请,并与A的律师讨论案情。裁决作出后,A以其选定的仲裁员C私自会见当事人为由请求撤销裁决,但B却对仲裁员C的独立性和公正性不持异议。①

与上一个案例不同,该案中仲裁员C的行为不构成利益冲突。首先,大前提依旧是《仲裁法》第34条第4款,即仲裁员不得私下接受当事人的宴请。但是,这一事项只能初步证明仲裁员缺乏独立性和公正性。如果能够提供有力反证,如当事双方均认为仲裁员C不存在实质偏见,那么该款自然无法适用。其次,在确定小前提时,不仅要确认仲裁员C私下接受宴请的事实,还要考虑当事双方的态度。A在整个仲裁程序中均未提出回避申请,可以认为其对仲裁员C的独立性和公正性放弃了提出异议的权利。且B在获知仲裁员C私下接受宴请的事实后,仍然接受仲裁员C的独立性和公正性。最后,鉴于仲裁的本质属性是契约性,在判断仲裁员的独立性和公正性时,仍然优先考虑当事人共同的主观意愿,不能确定当事各方

① 参见北京市第四中级人民法院(2020)京04民特715号。

意思表示交集的，方可根据“知情理性第三人”在重构语境下的理解作出推导。[①] 既然当事双方都认为仲裁员 C 的行为不构成实质偏见，当然不能据此否认裁决的效力。

3. 代理人和仲裁庭成员在同一仲裁机构拥有仲裁员资格

A 与 B 因借款合同产生纠纷，遂将争议提交宜昌仲裁委员会仲裁解决。其中，B 的代理人 C 在宜昌仲裁委员会拥有仲裁员资格。裁决作出后，A 认为，根据 2010 年《律师和律师事务所违法行为处罚办法》（以下简称《办法》）第 7 条第 5 款的规定，C 与仲裁庭组成人员是同一仲裁机构的在册仲裁员，属于可能影响仲裁庭公正裁决的同事关系。法院支持了 A 的观点，对涉案仲裁裁决予以撤销。[②]

判断法院的裁判逻辑是否正确，需要考察法院是否选用了正确的大前提。首先，法院意图撤销仲裁裁决，必须找到合适的法律依据。在该案中，最可能的撤裁事由是《仲裁法》第 58 条第 3 款中的“违反法定程序”。其次，要对大前提进行法律解释。如上所述，最高人民法院在《关于适用〈中华人民共和国仲裁法〉若干问题的解释》第 20 条中对“违反法定程序”作出了官方解释，其内涵仅包括违反仲裁法规定的仲裁程序或者仲裁规则可能影响正确裁决。最后，要对法律进行正确适用。显然，《办法》是司法部制定的部门规章，既不属于仲裁法的规定，也不属于对仲裁法作出的解释，

① 参见叶金强：《合同解释理论的一元模式》，载《法制与社会发展》2013 年第 2 期；董冠洋：《美国法中的合同解释规则研究》，载沈四宝、王军主编：《国际商法论丛》第 13 卷，法律出版社 2014 年版，第 303 ~ 318 页。

② 参见宜昌市中级人民法院民事裁定书（2017）鄂 05 民特 1 号。

不能成为撤销仲裁裁决的依据。从另一个角度考虑,将《办法》第7条第5款作为撤裁依据本身就是不适当的。如果一方恶意聘请具有仲裁员资格的律师担任己方代理人,实际上会导致仲裁机构的在册仲裁员均需回避,这会造成仲裁程序根本无法推进的情形。同时,由于仲裁协议具有妨诉效力,法院也无法受理仲裁协议项下的争议,最终会形成诚信当事人救济无门的局面。①

(二)违反仲裁规则

1. 当事人未收到披露声明

A与B因建设工程施工合同产生纠纷,遂将争议提交六盘水仲裁委员会仲裁。根据《六盘水仲裁委员会仲裁规则》第20条的规定,仲裁机构应将仲裁员签署的披露声明转交给当事人,但转交工作未完成。在仲裁程序进行的过程中,双方当事人对仲裁员的独立性和公正性均不持异议。裁决作出后,A以仲裁员的信息披露存在严重瑕疵为由,请求撤销仲裁裁决。②

这种行为虽然是对仲裁规则的轻微违反,却不一定意味着仲裁员欠缺独立性和公正性,更不会导致裁决被撤销。首先,与回避不同,披露具有职业伦理性质,待披露的事项往往比回避事由更宽泛。如果仲裁员拒绝披露或披露不及时,只能说仲裁员涉嫌违反职业伦理,但不意味着仲裁员必然需要回避。③ 其次,仲裁机构已于庭审前10日将仲裁庭组成人员的名单邮

① 参见林洋:《论仲裁协议的调查方式》,载《重庆大学学报(社会科学版)》2019年第2期。

② 参见六盘水市中级人民法院民事裁定书(2020)黔02民特18号。

③ 参见徐三桥:《仲裁员的披露与回避问题探讨》,载《商事仲裁与调解》2020年第3期。

寄给双方当事人,充分保障了A申请回避的法定权利。最后,当仲裁庭在庭审中询问双方当事人是否申请回避时,A与B均明确表示不申请回避。这意味着双方已经认可了仲裁庭的独立性和公正性,放弃了提出异议的权利。

2. 仲裁员披露不充分

A与B因股权合同产生纠纷,于2017年8月将争议提交贸仲仲裁。因当事人各方就仲裁庭的组成问题无法达成一致,贸仲指定C担任首席仲裁员。C自2008年6月至2014年12月分别担任中国某集团总法律顾问、副总裁、副董事长兼总经理,2012年北京D律师事务所北京分所曾为中国某集团代理案件,而B的代理人是北京D律师事务所广州分所律师。2017年11月,C在披露声明中未提及上述情况,双方当事人也没有在规定时间内提出回避申请。裁决作出后,A认为,首席仲裁员C未按照《贸仲规则》第31条第1款的规定进行充分披露,裁决应予撤销,法院同意这一观点。①

如上所述,披露属于仲裁员职业伦理的范畴,披露不充分不是撤销裁决的依据。在该案中,判断法院的裁判是否正确,要结合案情确定待披露事项是否构成回避事由。第一,截至案发时,首席仲裁员C从原单位离职已近3年,距离北京D律师事务所为中国某集团代理案件已逾5年,如此长的时间不仅割裂了首席仲裁员C与原单位的经济往来,也冲淡了首席仲裁员C与北京D律师事务所的利益联系。第二,北京D律师事务所是中

① 参见深圳市中级人民法院民事裁定书(2018)粤03民特601号。

国规模最大的律所之一,分所与总所之间是加盟关系,不是设立与被设立的关系,各个分所之间的独立性较强。即使能够证明中国某集团与北京D律师事务所北京分所存在业务往来,也不意味着中国某集团与该律所其他分所存在密切的利益联系。第三,中国某集团是骨干央企,规模庞大,事务繁多。首席仲裁员C虽然曾经担任过公司高管,却不一定对每项具体业务都加以过问。在不能证明首席仲裁员C是案件直接经办人的情况下,很难证明其在2012年与北京D律师事务所北京分所有过直接接触。第四,A在仲裁过程中没有及时提出异议,已经构成弃权,不能以仲裁员存在利益冲突为由质疑裁决的有效性。

3.代理人与仲裁员在同一律师事务所工作

A与B因商品房买卖合同产生纠纷,遂将争议提交邵阳仲裁委员会仲裁。《邵阳仲裁委员会仲裁规则》第38条规定,仲裁员与代理人在同一单位工作的,应予回避。但是,在组庭环节,A指定C作为仲裁员,C和B的代理人同为湖南D律师事务所律师,双方均未在规定期限内申请仲裁员回避。裁决作出后,A以代理人与仲裁员在同一律师事务所工作、违反仲裁规则为由,请求撤销仲裁裁决,法院支持了A的请求。①

《邵阳仲裁委员会仲裁规则》将"代理人和仲裁员在同一个单位工作"作为回避事由,有一定的合理性。然而,判断仲裁员是否与代理人存在利益冲突,还要考虑单位的规模和其他情况。经查询,湖南D律师事务所的

① 参见邵阳市中级人民法院民事裁定书(2019)湘05民特15号。

律师人数只有 18 人,C 和 B 的代理人熟识的概率极高,如果不存在相反证据,可以认为两者之间存在较强的利益联结。从这个角度出发,法院认定 C 应予回避确有合理之处。但也应该注意,A 对己方选定的 C 十分了解,却没有在规定时间内要求其回避,这种行为可能已经构成弃权。法院在裁决作出后允许 A 对此再行争论,似有鼓励不诚信仲裁之嫌。

(三)违反仲裁员守则

1. 仲裁员在关联案件中接受重复指定

A 与 B 因铬矿销售合同发生纠纷,遂将争议提交北仲仲裁,并选定仲裁员 C、D、E 组成仲裁庭,在规定时间内无人申请仲裁员回避。与此同时,在另一个正在进行的关联案件中,组庭情况亦是如此。裁决作出后,A 以仲裁庭组成违反北仲《仲裁员守则》第 5 条第 9 款中一方当事人两年内曾指定首席仲裁员担任其他案件仲裁员的规定,请求法院不予执行仲裁裁决,法院支持了 A 的诉求。①

北仲《仲裁员守则》第 1 条规定,本规则属于仲裁员职业伦理,不是仲裁规则的组成部分,无意构成仲裁员必须强制遵守的规范。这意味着,欲以《仲裁员守则》第 5 条第 9 款的规定不予执行仲裁裁决,必须结合案件的具体情况,证明仲裁员存在实质偏见。首先,A 两年内多次指定 C 担任仲裁员,C 因该指定行为反复获得仲裁员报酬,可能使当事人产生仲裁员存有偏向的顾虑。但是,按照这种思路推理,如果 C 在后案中担任仲裁员,与

① 参见朔州市中级人民法院执行裁定书(2019)晋 06 执异 11 号。

B 选任的仲裁员 D 相对,恰好表明仲裁庭至少在形式上不偏不倚。而首席仲裁员和独任仲裁员由当事双方共同指定,则初步看来不会因为领取报酬的行为而偏向其中一方。所以,只有在 A 此前指定 C 在后案中担任首席仲裁员时,仲裁庭的平衡才有可能被打破,而这种情况并没有出现在该案中。其次,贸仲《仲裁员行为考察规定》也对这种情况进行了规定,但认为同类案件和关联案件属于除外情形。原因在于,关联案件案情基本重合,当事人提出的仲裁请求甚至完全一致,选任相同的仲裁员,有利于高效审理,提高法律适用的正确性。最后,当事人在仲裁进行的过程中没有及时提出异议,已经构成弃权,不能据此再行质疑仲裁员的独立性和公正性。

2. 仲裁员在另案中曾为代理人律师事务所出具专家意见

A 与 B 因股权转让协议发生纠纷,于 2019 年将争议提交贸仲仲裁。在得知贸仲指定 X 担任首席仲裁员之后,B 聘请 W 律师事务所的律师担任代理人。注意到这种变化,A 根据贸仲《仲裁员行为考察规定》第 6 条第 1 款的规定,仲裁员两年内与代理人单位存在业务往来,请求首席仲裁员 X 回避。事实依据在于,2016 年 7 月 W 律师事务所曾委托包括首席仲裁员 X 在内的 13 位法学专家,就 H 公司股权争议案所涉董事会决议效力、一致行动人等相关法律问题提供《专家意见书》。[①]

根据贸仲《仲裁员行为考察规定》的规定,仲裁员两年内与代理人单

① 根据中国国际经济贸易仲裁委员会关于某框架协议争议案 X 仲裁员不予回避的决定(未公开)。

位的业务往来,属于仲裁员伦理道德范围内的披露事项。这种情况是否构成回避事由,还要综合时间、经办人、与该案是否相关等因素进行判断。首先,如果仲裁员经常通过为特定律师事务所出具专家意见获取报酬,则在经济上对该律所形成了一定的依赖,这能够证明仲裁员存在偏向该律师事务所律师的可能。但在该案中,首席仲裁员 X 只是偶尔为 W 律师事务所出具专家意见,上一次联系的时间是 3 年前,如此长的时间已经冲淡了两者之间的利益连接。其次,如果律所近期负责联系仲裁员出具专家意见的律师,与仲裁案件中一方的代理人相同,也能够证明仲裁员和一方代理人有可能存在密切联系。但在该案中,没有证据表明首席仲裁员 X 和来自 W 律师事务所的律师相识,这使两者之间存在利益输送的可能性变得微乎其微。最后,如果仲裁员出具专家意见的案件,与该案构成关联案件,不仅意味着存在利益联系,也表明仲裁员可能已经存在先入为主的偏见。但是,该案与 H 公司股权争议案完全没有联系,这也从侧面证明仲裁员无须回避。

3. 案件类型未被列入公示的仲裁员专长领域

A 与 B 因私募投资基金合同发生纠纷,遂将争议提交贸仲仲裁。由于当事双方无法就仲裁庭的组成达成一致,贸仲指定 X 担任首席仲裁员。B 主张,从贸仲网站上公示的内容看,首席仲裁员 X 主要从事保险法律事务工作,没有从事私募投资基金法律事务工作的经验。根据贸仲《仲裁员行为考察规定》第 4 条第 5 款的规定,仲裁员不熟悉案件涉及的专业领域,难以胜任审理工作的,不得接受指定,据此申请首席仲裁员 X 予以回避。[①]

贸仲《仲裁员行为考察规定》将“仲裁员不熟悉案件涉及的专业领域”作为回避事由,仅是职业伦理范围内的规定,不能证明仲裁员欠缺独立性和公正性。当然,这并不意味着仲裁员完全不熟悉其所参与的仲裁案件的相关领域就是合理的。如果案件类型属于金融领域,而首席或独任仲裁员既非经济专家,也非法律专家,而是知名的建筑造价工程师,仲裁庭能否正确适用法律令人生疑。但在该案中,首席仲裁员 X 在金融和法律领域皆有造诣,显然无须回避。此外,贸仲网站上展示的仲裁员专长仅为介绍性内容,且只展示仲裁员的部分特长,并不足以覆盖首席仲裁员 X 的全部工作经验和专业领域。

(四)其他情形

1. 仲裁员和一方代理人曾共同参加学术活动

A 与 B 因土地合作开发协议产生纠纷,遂将争议提交贸仲仲裁。在组庭环节,贸仲指定 C 担任首席仲裁员,双方当事人均未在规定时间内提出回避申请。裁决作出后,A 以仲裁员存在实质偏见为由,请求法院撤销仲裁裁决。其依据在于,首席仲裁员 C 与 B 的代理人曾共同参加某民法典研讨会,两者可能因此相熟。[②]

共同参加学术活动,不属于仲裁法规、仲裁规则和仲裁员守则明令禁

---

① 参见中国国际经济贸易仲裁委员会关于某基金合同争议仲裁案 X 首席仲裁员不予回避的决定(未公开)。

② 参见北京市第四中级人民法院民事裁定书(2019)京04民特356号。

止的事项，一般不是质疑仲裁员独立性、公正性的合理依据。当然，这不意味着仲裁从业者可以利用学术活动作掩护，行利益输送之实。如果仲裁员和一方代理人在学术活动中合作发表论文，就可以证明两者之间存在比较密切的联系。但在该案中，首席仲裁员 C 与 B 的代理人因接受会议主办方邀请作为嘉宾或作为听众共同参加学术交流性质的研讨会，属于正常的公开社会活动，对双方来说都具有偶然性。如果没有证据证明参会人员在参加研讨会时存在不合理的私下交流，便无法认定该种共同参会行为超出了社会交往的合理范围，并构成需要回避的利害关系。

2. 仲裁员之间系校友关系

A 与 B 因采购合作协议发生争议，遂将争议提交贸仲仲裁。在组庭阶段，A 指定 C 担任仲裁员，B 指定 D 担任仲裁员，贸仲指定 E 担任首席仲裁员。A 随即提出书面申请，请求首席仲裁员 E 回避。原因在于，D 和首席仲裁员 E 同为某大学法律系同届校友，两者之间可能存在较亲密的同学关系。这意味着，如果 D 因 B 的指定行为心怀感激，这种偏向可能传导给首席仲裁员 E。[①]

具有法律强校教育背景的仲裁实务人士，市场竞争力更强，经手的案件往往更多，这导致在同一个案件中，仲裁庭成员之间、仲裁员和代理人之间系校友关系的情形并不少见。然而，校友关系不一定构成利益关系。强行对仲裁员施加高标准的披露义务，要求仲裁员披露所有可能的校友关

① 参见中国国际经济贸易仲裁委员会关于某仲裁案 X 首席仲裁员不予回避的决定（未公开）。

系,完全在仲裁员的能力范围之外。如果没有特殊情况,仲裁员无须披露同年级同学或不同年级的校友关系,因为仲裁员可能根本不认识其中的大部分人。只有缩小到同班同学(或其他特殊情形)的范围,才属于合理的披露范围。但披露只属于道德伦理的范畴,如果没有其他直接证据,亦不能证明仲裁员可能存有偏见。

3. 仲裁员和当事一方系师生关系

A与B因销售合同发生纠纷,遂将争议提交北仲仲裁。在组庭环节,B指定北京某大学教授C担任仲裁员,而B的代理人亦在该大学有过接受教育的经历。注意到这一事实后,A以存在师生关系为由,请求C回避。①

在专业领域声誉很高的大学教授,是理想的仲裁员人选,这使师生关系在仲裁领域广泛存在。② 一般而言,一个学生在某门课程的老师只有一位,而某位老师在授课或讲座时面向的受众可能人数众多。如果要求仲裁员接受指定时披露这种广泛的师生关系,有时是强人所难的,因为老师对课堂或讲座上出现的大多数学生可能都没有印象。即使老师能够记得住学生,也不意味着老师会因为这层关系而有所偏袒。当然,一些特殊的师生关系,可能意味着存在密切联系。例如,一方当事人、代理人指定其学位论文的指导老师担任仲裁员的,很可能属于回避情形。

---

① 参见北京市第四中级人民法院民事裁定书(2018)京04民特532号。

② 参见王红松:《中国仲裁面临的机遇与挑战》,载姜秋菊等主编:《北京仲裁》第64辑,中国法制出版社2008年版,第1~18页。

第三节　结语:问题与建议

作为当代国际商人法,仲裁是商人社会解决争议的“通用语言”。[①] 在保有中国仲裁特点的同时,应该重视仲裁的统一化趋势。自《仲裁法》1995 年 9 月生效以来,虽然相关法律规定目前没有变化,在主流仲裁机构的推动下,中国仲裁员利益冲突及回避制度变化巨大。

一、建立仲裁员利益冲突分级机制

为了在最大限度内明晰仲裁员的行为边界,可以吸收 2014 年《利冲指引》的理念,建立中国的仲裁员利益冲突分级机制。在这一文件中,最高层级是仲裁程序准据法中的强制性规定。其中,法定回避义务不仅构成回避事由,也可作为撤销或不予执行仲裁裁决的依据。但是,不具有强制性的披露义务属于仲裁员职业伦理的范畴,不单独对仲裁裁决产生否定效力。中间层级是当事人、仲裁机构和仲裁员认同的仲裁规则或仲裁协议。需要注意的是,约定的回避义务,与法定回避义务不重合的部分,不应成为消灭裁决效力的必然依据。最低层级是仲裁员守则。此类规范既不是法律规定,也不是合同约定,仅仅是职业伦理的要求。但这并不意味着道德要求不重要,仲裁员严格遵守职业伦理,是消除仲裁“灰色地带”,增强公众选

① 参见[丹麦]麦卡锡·林登:《仲裁的起源及其意义》,周园、吴卡译,载中国国际私法学会、武汉大学国际法研究所主办:《中国国际私法与比较法年刊(2013)》第 16 卷,法律出版社 2013 年版,第 348 ~359 页。

择仲裁的信心,提升仲裁吸引力的重要保障。目前,中国仲裁员职业伦理还处于形成初期,但采纳《利冲指引》为代表的国际最佳实践经验的趋势也是明显的。

二、明确当事人弃权的后果

诚实信用原则不仅是实体法领域的基本原则,也适用于程序法领域。2018 年最高人民法院《关于人民法院办理仲裁裁决执行案件若干问题的规定》第 14 条第 3 款规定,当事人知道或理应知道仲裁程序准据法或仲裁规则未被遵守,却没有及时提出异议的,视为放弃提出异议的权利,裁决作出后不能以违反法定程序为由申请消灭裁决的效力。当然,当事人的弃权范围并非没有边界,因为仲裁员不能既当运动员,又当裁判员。《利冲指引》认为,在下列 4 种情况下,当事人的弃权行为无效:(1)当事一方选定自己担任仲裁员,或者仲裁员系该方当事人的法定代表人或雇员;(2)仲裁员是当事一方的高管,或者能够实际控制对案件有直接经济利益的当事方或其他实体;(3)一方当事人的输赢对仲裁员利益攸关;(4)仲裁员或其单位定期向当事一方或其关联公司提供咨询服务,从中获得可观的财务收入。

三、加强仲裁员培训

仲裁的好坏取决于仲裁员。在仲裁日益规范化的今天,仲裁员不仅需要具有崇高的威望,还需要具备现代开放社会的专业背景、法律知识和实务经验。这意味着,要想成为好的仲裁员,避开可能的利益冲突,必须经过专业培训。但是,如何确定培训的方式、方法、强度和标准,业界仍然没有统一的模范答案。一般而言,一名合格的候选联席仲裁员(co-arbitrator),需要熟悉仲裁法和基本的仲裁理论,熟悉仲裁规则和仲裁员守则,能够独立指挥仲裁程序,并可根据模拟案例撰写出合格的裁决书。在此基础上,若想成为合格的首席或独任仲裁员,还须有审理过多起仲裁案件的经验,严格遵守仲裁员职业道德,保证裁决在法律上的可执行性。目前,虽然一些仲裁机构也会进行仲裁员培训,但培训质量良莠不齐。从效率和标准化、灵活性等角度出发,未来的仲裁员培训还有较大的改进空间。

第五章　2020年中国法院涉外商事仲裁司法审查综述

本部分由最高人民法院民四庭根据各高级人民法院上报数据以及在中国法院裁判文书网和其他互联网途径公开(截至2021年7月16日)的仲裁司法审查裁定,对2020年国际商事仲裁司法审查案件进行回顾分析,就所涉法律问题予以述评。

2020年,全国法院新收涉外、涉我国港澳台地区仲裁司法审查案件341件。其中,涉外102件,涉我国香港特别行政区194件,涉我国澳门特别行政区19件,涉我国台湾地区26件,占全部新收仲裁司法审查案件的2.2%。

一、申请确认涉外、涉我国港澳台地区仲裁协议效力相关法律问题

(一)仲裁机构名称不准确的情形

在"申请人深圳市福田区银泰盈盈幼儿园与被申请人梁某仪、深圳市

思美教育管理有限公司、黄某申请确认仲裁协议效力案”中，[1]申请人认为，双方未约定明确的仲裁机构，根据合同条款不能确定唯一的仲裁机构，故申请确认仲裁协议无效。法院认为，该案为申请确认涉我国香港特别行政区仲裁协议效力纠纷，该案当事人未在合同中约定确定仲裁协议效力适用的法律，也未约定仲裁地，故该案应适用法院地法，即中国内地法律审查涉案仲裁协议效力。案涉《项目投资合同》在第3条第3款、第6条第1款约定，“可到深圳市仲裁机构提出仲裁”时，“深圳市仲裁机构”仅有一家仲裁机构即深圳国际仲裁院，根据最高人民法院《关于适用〈中华人民共和国仲裁法〉若干问题的解释》（以下简称《仲裁法司法解释》）第3条“仲裁协议约定仲裁机构名称不准确，但能够确定具体的仲裁机构的，应当认定选定了仲裁机构”的规定，认定仲裁协议有效。

在“申请人北京向导科技有限公司与被申请人香港MK项目服务有限公司（MK Project Services Limited）申请确认仲裁协议效力案”中，[2]当事人签署的3份合同均包含争议“应按照国际经济贸易仲裁委员会的规定，通过仲裁最终解决”的仲裁条款。法院认为，双方当事人的注册地均为中国，应当知晓“中国国际经济贸易仲裁委员会”的名称中包含“国际经济贸易仲裁委员会”，合同亦未载明国外仲裁机构名称或仲裁规则，最终，法院认定案涉合同系选择按照贸仲的规定进行仲裁，仲裁条款有效。

---

① 广东省深圳市中级人民法院（2020）粤03民特832号民事裁定书。

② 北京市第四中级人民法院（2020）京04民特502号民事裁定书。

（二）同一地有当地仲裁机构和其他仲裁机构分会的情形

在“申请人深圳新中桥通信有限公司与被申请人惠州君泰祥实业有限公司、张某鹏、中桥电子有限公司、李某申请确认仲裁协议效力案”中，①申请人认为，仲裁条款约定的仲裁机构为“深圳市仲裁机构”，而在合同签订之时，深圳市的仲裁机构不仅有深国仲，还有贸仲重组后的贸仲华南分会，故该案属于仲裁机构约定不明的情形，请求确认仲裁条款无效。法院认为，2017 年 12 月 25 日，经深圳市委、市政府批准，深圳市原有的华南国际经济贸易仲裁委员会（深国仲）与深圳仲裁委员会合并为深国仲。因此，案涉仲裁条款约定的“深圳市仲裁机构”可以确定为深国仲，故案涉仲裁条款有效。

（三）“先裁后审”条款效力的认定

在“申请人上海上美化妆品有限公司、上海韩束化妆品有限公司与被申请人 NBA 香港经营有限公司申请确认仲裁协议效力案”中，②仲裁条款约定，争议提交贸仲仲裁，但同时又约定，“对裁决书的复审可在具有法定司法管辖权的任何法院立案”。申请人主张，上述仲裁协议存在通过仲裁解决争议以及通过法院立案对裁决重复审理两层意思，构成“或裁或诉”，并违反我国仲裁法关于仲裁“一裁终局”的相关规定，仲裁条款应为无效。法院认为，涉案仲裁协议约定通过仲裁解决纠纷的意思明确，“对裁决书的

---

① 广东省深圳市中级人民法院(2020)粤 03 民特 749 号民事裁定书。

② 北京市第四中级人民法院(2020)京 04 民特 21 号民事裁定书。

复审可在具有法定司法管辖权的任何法院立案”,不能理解为“或裁或诉”的选择关系,而应理解为合同双方同意将仲裁裁决提交法院进行司法监督,这不违反法律相关规定,涉案仲裁条款应为有效。

(四)未盖章仲裁条款效力的认定

在“申请人SEIKI Digital Company Limited与被申请人同方国际有限公司(Tongfang Global Limited)申请确认仲裁协议效力案”中,[①]申请人SEIKI公司认为,合同中的登记名不是SEIKI Digital Co., Ltd.,且未在《协议书》上盖章,故仲裁条款对其没有约束力。法院认为,“Co.,Ltd.”是“Company Limited”的英文简写,SEIKI公司未能证明在我国香港特别行政区内,除其本身外,还有另一家注册为“SEIKI Digital Co., Ltd.”的公司。林某雄作为SEIKI公司的唯一股东和董事,在《协议书》上签字即可以代表SEIKI公司。因此,《协议书》中的仲裁条款对SEIKI公司有约束力。

(五)提级管辖后是否仍可以仲裁协议提出主管异议

在“原告亚洲光学股份有限公司(Asia Optical Co., Inc.,以下简称亚洲光学公司)、东莞信泰光学有限公司(以下简称信泰公司)与被告日本富士胶片株式会社、富士胶片(中国)投资有限公司等委托加工合同纠纷案”中,[②]因诉讼标的超过人民币2亿元,广东省高级人民法院(以下简称广东

① 广东省深圳市中级人民法院(2019)粤03民特922号民事裁定书。

② 最高人民法院(2019)最高法商初2号民事裁定书。

高院)依据涉外级别管辖的相关规定,认定深圳市中级人民法院(以下简称深圳中院)无管辖权,裁定该案由广东高院管辖,后以该案属于疑难复杂的国际商事案件,报请最高人民法院国际商事法庭审理,最高人民法院裁定由第一国际商事法庭受理。被告在首次开庭前提出管辖权异议,主张各方当事人签署的8份《委托开发合同》约定有效仲裁条款,即争议应"基于日本商事仲裁协会的商事仲裁规则在东京通过仲裁的方式对相关纠纷进行最终解决"。国际商事法庭审查认为,广东高院的裁定仅认定深圳中院违反级别管辖的规定,并未对该案是否存在仲裁协议、法院是否有管辖权问题作出裁定。因此,原告仍有权提出以存在仲裁协议为由的管辖权异议。原告亚洲光学公司、信泰公司与被告日本富士株式会社签订的8份《委托开发合同》,除约定委托开发业务外,还就履行合同过程中涉及的侵犯第三方知识产权、所开发产品的商品化等问题进行了约定。产品商品化,即委托加工制造,也属于《委托开发合同》的一部分,或者说至少是与该合同密切相关的,故基于委托加工关系发生的纠纷属于仲裁条款范围,应通过仲裁解决。最高人民法院国际商事法庭裁定驳回原告亚洲光学公司、信泰公司的起诉。

二、申请撤销和不予执行涉外仲裁裁决案件相关法律问题

(一)仲裁协议效力的异议弃权情形

在"申请人邹某早与被申请人温州市豪达箱包有限公司申请撤销仲裁

裁决案”中，[1]申请人主张，被申请人法定代表人并未对《贷款欠条协议》盖章签字予以确认，该合同纠纷争议不属于仲裁委员会的管辖审理范围，仲裁违反法定程序，故申请撤销案涉裁决。法院查明，《贷款欠条协议》明确载明，凡因该合同引起的或与该合同有关的任何争议，均应提交贸仲浙江分会。法院认为，上述条款中有明确的仲裁意思表示、仲裁机构和仲裁事项，符合《仲裁法》第16条规定的仲裁协议合法有效的形式要件与实质要件，且不存在《仲裁法》第17条规定的仲裁协议无效之情形，故该案所涉仲裁协议合法有效。申请人在仲裁程序中未对仲裁协议效力提出异议，根据《仲裁法司法解释》第27条第1款关于“当事人在仲裁程序中未对仲裁协议的效力提出异议，在仲裁裁决作出后以仲裁协议无效为由主张撤销仲裁裁决或者提出不予执行抗辩的，人民法院不予支持”之规定，其在仲裁司法审查程序中，以仲裁协议效力为由申请撤销仲裁裁决，法院不予支持。

（二）超裁事由

在“申请人中信银行股份有限公司北京分行与被申请人张某正等申请撤销仲裁裁决案”中，[2]申请人申请撤销案涉裁决理由为，裁决事项超出仲裁协议及申请人请求的范围，具体为合同约定由违约方分别承担各自应负的违约责任；因共同行为给其他当事人造成损害的，应当承担连带赔偿责任，因此仲裁庭只能裁决违约当事人分别或连带承担责任，不应裁决承担补充赔偿责任。法院认为，根据《民事诉讼法》第274条规定的“裁决的事

① 北京市第四中级人民法院（2020）京04民特229号民事裁定书。
② 北京市第四中级人民法院（2020）京04民特431号民事裁定书。

项不属于仲裁协议的范围”,法条指的是“事项”本身超出仲裁协议范围,而非违约责任规则。仲裁协议约定的仲裁事项包括合同履行及违约责任等,裁决就违约责任进行仲裁,未超出仲裁协议约定的范围;被申请人提出的仲裁请求包括返还认购款并赔偿损失,裁决补充赔偿责任也属于赔偿责任范畴,亦未超出仲裁请求的范围。故不构成超裁。

(三)仲裁庭的适当通知

在“深圳市盈溢达进出口有限公司(以下简称盈溢达公司)与重庆市宏立摩托车制造有限公司(以下简称宏立公司)申请撤销仲裁裁决案”中,[①]合同约定目的港为莫桑比克贝拉港,具有涉外因素,故贸仲按涉外仲裁案件审理。申请人以贸仲通过平信方式送达及给申请人提交答辩意见违反《贸仲仲裁规则》为由,申请撤销涉案裁决。法院查明,《贸仲仲裁规则》第8条第1项规定,“有关仲裁的一切文书、通知、材料等均可采用当面递交、挂号信、特快专递、传真或仲裁委员会仲裁院或仲裁庭认为适当的其他方式发送”,因此,贸仲选择通过公证平信方式送达并未违反《贸仲仲裁规则》的规定。《贸仲仲裁规则》第8条第2项规定:“上述第(一)款所述仲裁文件应发送当事人或其仲裁代理人自行提供的或当事人约定的地址;当事人或其仲裁代理人没有提供地址或当事人对地址没有约定的,按照对方当事人或其仲裁代理人提供的地址发送。”贸仲可以按照对方当事人或仲裁代理人提供的地址进行送达。在该案中,贸仲先通过特快专递方式送

① 北京市第四中级人民法院(2020)京04民特3号民事裁定书。

达仲裁通知、《贸仲仲裁规则》和《仲裁员名册》,妥投后,又通过特快专递寄送开庭通知等,但被邮局以“无此收件人”退回。贸仲要求仲裁申请人宏立公司重新提供盈溢达公司的有效送达地址,并根据宏立公司书面确认的盈溢达公司有效送达地址,进行公证平信送达,此做法符合《仲裁规则》的规定,且根据《贸仲仲裁规则》第8条第3项的规定,“向一方当事人或其仲裁代理人发送的仲裁文件,如经当面递交收件人或发送至收件人的营业地、注册地、住所地、惯常居住地或通讯地址,或经对方当事人合理查询不能找到上述任一地点,仲裁委员会仲裁院以挂号信或特快专递或能提供投递记录的包括公证送达、委托送达和留置送达在内的其他任何手段投递给收件人最后一个为人所知的营业地、注册地、住所地、惯常居住地或通讯地址,即视为有效送达”。贸仲通过能够提供投递记录的公证送达方式向仲裁当事人进行送达,可以视为有效送达。故法院对该项申请理由不予采纳。

(四)仲裁庭采信证据的酌情权

在“申请人浙江强广剑精密铸造股份有限公司与被申请人宝德机械国际有限公司申请撤销仲裁裁决案”中,[①]申请人主张,仲裁庭只接受被申请人提交的新证据,但却未接受申请人提交的新证据,亦未准许其以新证据为由申请再次开庭陈述意见,剥夺了其陈述重要意见的权利,构成违反法定程序。法院认为,根据该仲裁机构仲裁规则第37条第2款的规定,对于

① 北京市第四中级人民法院(2020)京04民特34号民事裁定书。

当事人于举证期限届满之后提交的新证据,由仲裁庭决定是否受理,故证据采信属于仲裁权的行使范畴。仲裁庭接受一方提交的新证据,但未接受另一方于仲裁庭审后提交的新证据,不违反仲裁规则,也未与其他相关法律法规相悖,未违反法定程序。而根据该案适用的仲裁规则第41条第2款关于举证的规定,对于当事人于仲裁庭审结束后提出的再次开庭申请,仲裁庭有权决定是否准许,故仲裁庭未准许当事人提出的再次开庭申请,不违反仲裁规则,也不属于《民事诉讼法》第274条第1款第2项规定的"由于其他不属于被申请人负责的原因未能陈述意见"之情形。

同样地,在"申请人胡某坚等与被申请人中商烟草集团有限公司申请撤销仲裁裁决案"中,①申请人主张,仲裁庭采纳及采信另一方当事人超过举证期限提交的证据构成违反法定程序。法院认为,根据该案仲裁机构仲裁规则第41条的规定,对于当事人逾期提交的证据,仲裁庭可以不予接受。该案仲裁庭采信一方当事人逾期提交的证据,属于行使仲裁权,并未违反仲裁规则的规定。

(五)仲裁庭的组成

在"申请人深圳市亚派光电器件有限公司与被申请人东莞新飞通光电子技术有限公司申请撤销仲裁裁决案"中,②申请人主张,其中一名仲裁员并未指定首席仲裁员,故仲裁庭组成违反仲裁规则,申请撤销仲裁裁决。法院认为,涉案仲裁裁决明确写明,仲裁员共同指定卢某为该案首席仲裁

① 北京市第四中级人民法院(2020)京04民特791号民事裁定书。
② 深圳市中级人民法院(2020)粤03民特402号民事裁定书。

员，且仲裁员沈某、陈某亦在该裁决书上签名，表明仲裁员沈某、陈某对共同指定卢某为该案首席仲裁员的事实清楚并予以确认。申请人主张，首席仲裁员的指定违反法定程序的理由不能成立。另外，申请人主张仲裁员沈某为深国仲理事长故该案无法公平公正开展。法院认为，沈某名列仲裁员名单，由一方当事人选择其作为涉案仲裁庭的仲裁员，符合深圳国际仲裁院的仲裁规则，故申请人这一主张理由，亦不能成立。

（六）鉴定程序

在“申请人李某文与被申请人麦某申请撤销仲裁裁决案”中，①申请人以鉴定程序违法及鉴定结论错误为由申请撤销仲裁裁决。法院认为，仲裁案件审理过程中的鉴定程序是否合法、鉴定结论是否正确，是仲裁庭对鉴定机构所作鉴定意见有无证明力及证明力大小的认定，此种认定在性质上属于仲裁实体审理范围，不属于人民法院对仲裁司法审查的范围，亦非法定的撤销仲裁裁决事由，故法院对其提出的重新鉴定的申请不予准许。

（七）裁决期限

在“申请人胡某坚等与被申请人中商烟草集团有限公司申请撤销仲裁裁决案”中，②针对申请人提出的裁决超期事由，法院认为，根据该案仲裁机构仲裁规则第62条的规定，通过简易程序审理的案件，仲裁庭应在组庭后3个月内作出裁决书，但经仲裁庭请求，仲裁委员会仲裁院院长认为确

① 珠海市中级人民法院（2020）粤04民特19号民事裁定书。
② 北京市第四中级人民法院（2020）京04民特791号民事裁定书。

有正当理由和必要的,可以延长该期限。案涉裁决已载明,“因仲裁程序进行的需要,经仲裁庭申请,仲裁委员会仲裁院院长同意并决定将本案裁决作出的期限延长至2019年10月28日”,故于2019年10月28日作出并未违反仲裁规则的裁决。

(八)违反社会公共利益的界定

在“申请人广州市浪奇实业股份有限公司与被申请人兴发香港进出口有限公司申请撤销仲裁裁决案”中,[①]申请人提出,因仲裁庭对基本事实认定不清、合同性质界定不明、合同效力认定错误等,致使裁决不仅给申请人造成了巨大损失,而且给广大投资者造成了严重的损失,侵害了公共利益。法院认为,社会公共利益关系全体社会成员的利益,为社会公众所享有,为整个社会发展存在所需要,具有公共性和社会性,不同于合同当事人的利益。案涉当事人因案涉合同履行所产生的争议,属于平等民事主体间的合同争议,处理结果仅影响合同当事人,仲裁庭根据案涉证据和法律审理案件,所作出的裁决属于行使仲裁权的范畴,不能因仲裁庭认定的事实不利于一方当事人或间接影响该当事人投资者利益而认为裁决违反社会公共利益,故对其申请理由法院不予采纳。

三、申请承认和执行外国仲裁裁决相关法律问题

2020年审结且已在互联网公开的、适用《纽约公约》的案件共15件,

---

① 北京市第四中级人民法院(2020)京04民特661号民事裁定书。

其仲裁机构分别为SIAC(2件)、新加坡海事仲裁院(1件)、大韩商事仲裁院(1件)、ICC仲裁院(1件)、SCC(1件)、俄罗斯联邦工商会国际商事仲裁法院(1件)、加拿大不列颠哥伦比亚省国际商事仲裁中心(1件)、美国食品工业协会(1件)、国际棉花协会(1件)、独立电影电视联盟国际仲裁院(2件)、英国海事仲裁裁决(3件),除2件独立电影电视联盟国际仲裁院仲裁裁决因仲裁协议无效而被不予承认和执行,以及美国食品工业协会仲裁裁决因未提交合格材料而被驳回申请外,其余均予承认和执行。

(一)申请承认和执行外国仲裁裁决案件中的管辖权异议

在"上诉人家有购物集团股份有限公司(以下简称家有购物集团)与被上诉人株式会社现代家庭购物、株式会社现代绿色食物申请承认和执行外国仲裁裁决案件管辖权异议上诉案"中,[①]家有购物集团上诉称,其主要办事机构所在地为贵州省贵阳市,该案应由贵州省贵阳市中级人民法院管辖。二审法院认为,家有购物集团系多家北京公司的法人股东,这些公司住所地,即家有购物集团的财产所在地位于北京市朝阳区,根据《民事诉讼法》第283条的规定,北京市第四中级人民法院作为财产所在地的中级人民法院,对案件有管辖权。

(二)《纽约公约》第4条申请材料的审查

在"申请人加拿大奥克塔福系统有限公司(Octaform Systems Inc.)与被申请人华浚塑料建材有限公司申请承认和执行加拿大不列颠哥伦比亚

---

① 北京市高级人民法院(2019)京民辖终98号民事裁定书。

省国际商事仲裁中心仲裁裁决案”中,[①]被申请人主张,仲裁协议中英文版本未经公证认证,不符合《纽约公约》第4条的规定,该案不应予以受理。法院认为,《纽约公约》第4条规定:“一、声请承认及执行之当事,为取得前条所称之承认及执行,应于声请时提具:(甲)原裁决之正本或其正式副本,(乙)第二条所称协定之原本或其正式副本。二、倘前述裁决或协定所用文字非为援引裁决地所在国之正式文字,声请承认及执行裁决之一造应备具各该文件之此项文字译本。译本应由公设或宣誓之翻译员或外交或领事人员认证之。”该规定的目的,在于保障非承认和执行国文字形成的仲裁裁决及仲裁协议译本的可靠性、唯一性。在该案中,双方当事人对仲裁协议所在的《供应协议》以英文签署予以确认,被申请人亦对申请人提交的《供应协议》的中英文版本没有异议,仲裁协议的内容确定,故符合《纽约公约》第4条的规定。

在“申请人美国皇家食品进口公司(Royal Food Import Corp.)与被申请人烟台洛克西进出口有限公司申请承认和执行美国食品工业协会仲裁裁决案”中,[②]被申请人抗辩,其未签订过涉诉合同,该合同卖方加盖的公章与该公司公章不一致,而是另一家在中国香港特别行政区注册的公司“Adu International Group Corp. Ltd”的公章。法院认为,申请人未提交充分证据证明该仲裁裁决及合同的当事人“Adu International Group Corp. Ltd.”即为被申请人。因申请人未能提供与被申请人之间的仲裁协议,根

① 浙江省湖州市中级人民法院(2019)浙05协外认1号民事裁定书。
② 山东省烟台市中级人民法院(2017)鲁06民初382号民事裁定书。

据《纽约公约》第4条第1款第1项、第2项的规定，申请承认和执行裁决的申请人应当在申请时提供经正式认证的裁决正本或经正式证明的副本、仲裁协议正本或经正式证明的副本。综上所述，申请人的申请不符合受理条件，裁定驳回申请人的申请。

在"申请人安富尔自由贸易区公司（以下简称安富尔公司）与被申请人广东粤新海洋工程装备股份有限公司（以下简称粤新公司）申请承认和执行外国仲裁裁决案"中，[①]粤新公司称，新加坡海事仲裁院作出的该案仲裁裁决和船舶建造合同均以英文作出，安富尔公司提交的中文译本未经我国驻外使领馆认证或我国公证机关公证，不符合《纽约公约》第4条的要求，应驳回安富尔公司的申请。法院认为，安富尔公司提交的仲裁裁决书和船舶建造合同经过法定的公证认证，并提交了由具有翻译资质的翻译公司翻译的中文译本，其申请在文件提交方面符合《纽约公约》第4条的规定。且粤新公司对安富尔公司提交的该仲裁裁决书中文译本翻译的准确性并无异议，故粤新公司关于安富尔公司提交的证据不符合申请承认与执行的受理条件的主张，缺乏事实和法律依据，法院不予支持。

（三）当事人缔结仲裁协议之民事行为能力

在"申请执行人IM全球有限责任公司（IM GLOBAL，LLC，以下简称IM公司）与被执行人北方电影集团承认与执行仲裁裁决案"（以下简称"IM全球有限公司案"）中，[②]独立电影电视联盟国际仲裁院（Independent

---

① 广州海事法院（2020）粤72协外认1号民事裁定书。

② 天津市第一中级人民法院（2018）津01协外认2号民事判决书。

Film & Television Alliance, IFTA)于2017年4月在美国洛杉矶作出案涉仲裁裁决,北方电影集团应当向IM公司支付相关款项。IM公司申请承认和执行。北方电影集团依据《纽约公约》第5条第1款甲、乙、丁项抗辩不予承认和执行,其中一项理由为,签约人"孙某"并非该公司员工,其没有代表北方电影集团的签约权限。法院查明,北方电影集团不存在姓名为"孙某"的高级管理人员或者普通工作人员。关于"孙某"的代理权问题,依据《涉外民事关系法律适用法》第16条"代理适用代理行为地法律,但被代理人与代理人的民事关系,适用代理关系发生地法律"的规定,协议系在法国签订,应当依据《法国民法典》进行认定,IM公司有义务提供公证书、私署文书、信件、证人证言等证据证明委托代理关系成立,但IM公司并未提供。且《法国民法典》规定,主张表见代理成立的一方应举证证明其"可合理信赖代理人的权力是真实的,特别是因被代理人的行为或表示"。IM公司主张,产生合理信赖的事由主要有"孙某"的名片及电影行业数据库Cinando,但未提供证据证明数据库的信息来源、运营主体、登录方式及运营模式等,这两者均无法认定构成合理信赖。依据《纽约公约》第5条第1款甲项"因缔约主体缺乏行为能力故仲裁协议无效"的规定,裁定不予承认并执行案涉裁决。在"申请人FSOJ国际有限责任公司与被申请人北方电影集团申请承认和执行独立电影电视联盟仲裁裁决案"中,[①]其案情与该案基本相似,法院亦以相同理由拒绝承认并执行案涉裁决。

---

① 天津市第一中级人民法院(2018)津01协外认3号民事裁定书。

（四）仲裁协议签字真实性问题

在"申请人华联力宝医疗有限公司（OUE Lippo Healthcare Limited.）与被申请人林某坤申请承认和执行新加坡国际仲裁中心仲裁裁决案"中，[①]被申请人抗辩，林某坤未签署仲裁条款。经法院查明，该案所涉仲裁条款约定于《购股协议》中，被申请人在该案中确认《购股协议》签字页上的"D"系其本人所签，但认为《购股协议》系变造，该签字页是从其他协议中拿过来的，且协议每页签署的"D"缩写签名均不是林某坤本人所签。法院认为，《购股协议》由协议文本及5个附件构成，在最末签字页上签名的各方当事人与协议记载的主体一致，除签字页外，其他页面下方均有各方当事人的缩写签名，包括代表林某坤的"D"签名，整个协议文本及附件的内容连续、完整，且申请人出示了《购股协议》原件，故可以据此确认《购股协议》的真实性，其中约定的仲裁条款亦合法有效。被申请人称，该签字页系其他协议的签字页，但未能出示其所称的其他协议，而每页"D"签名是否被申请人本人所签，亦不足以否定签字页上其签名的真实性，故其提出的异议缺乏依据，法院不予支持。

（五）仲裁程序相关问题

1.仲裁前置协商程序

在"IM全球有限公司案"中，[②]被申请人另一项抗辩事由为，依照《交

---

① 上海市第一中级人民法院（2019）沪01协外认5号之一民事裁定书。

② 天津市第一中级人民法院（2018）津01协外认2号民事判决书。

易备忘录》项下“法律选择/仲裁/仲裁机构”之(B)段约定,申请人发出协商通知并于120日后申请仲裁系《交易备忘录》约定的仲裁前置程序,而在该案中,其从未向被申请人发出协商通知,未遵守协商期约定,径行提起仲裁程序,构成《纽约公约》第5条第1款丁项规定的情形。法院认为,《纽约公约》第5条第1款丁项规定明确限定了“仲裁机关之组成”“仲裁程序”2项,这2项均为进入仲裁程序之后的事项,而被申请人主张的协商期系进入仲裁程序之前的事项,是否按照约定协商并非“仲裁机关之组成”问题,也非“仲裁程序”问题。《交易备忘录》项下“法律选择/仲裁/仲裁机构”之(B)段约定中“协商解决”难以界定其履行标准。再者,从案涉情况来看,申请人已提交仲裁,应认定双方争议难以协商解决。法院对被申请人的该项抗辩事由不予采信。

2. 申请确认仲裁协议效力之诉程序不必然阻却境外仲裁程序

在“申请人上海佳船机械设备进出口有限公司与被申请人美克斯海洋工程设备股份有限公司申请承认英国海事仲裁裁决案”(以下简称“上海佳船机械设备进出口有限公司案”),[①]被申请人主张,其已向上海海事法院提起确认涉案仲裁协议效力之诉,涉案伦敦海事仲裁应当中止,但是仲裁庭并未中止仲裁程序,其行为导致被申请人未能充分参与涉案仲裁程序并行使申辩权利。法院认为,申请人律师将索赔申请材料及证据发送给了仲裁庭,并抄送被申请人。根据《伦敦海事仲裁员协会仲裁规则》(2017

① 浙江省嘉兴市中级人民法院(2019)浙04协外认2号民事裁定书。

年)附件二第4条的规定,除特殊情况外,答辩陈述与反请求陈述在索赔陈述送达之日起28日内提交。被申请人未在规定时间内递交任何答辩陈述,经仲裁庭多次发送电子邮件,一再推迟被申请人最后陈述期限并告知其逾期不予答辩的后果,但被申请人除在2018年4月27日向仲裁庭发送电子邮件要求中止涉案仲裁程序外,并未向仲裁庭递交其他任何的答辩意见。综上所述,法院认为,仲裁庭已经给予被申请人合理的申辩时间和申辩机会,系被申请人未积极行使申辩权利,该案并不存在被申请人在仲裁程序中陈述意见的权利被剥夺的情形。

3. 仲裁适当通知问题

在"申请人科兹集团分销有限公司(Limited Liability Company, kur Group Distribution)与被申请人广东省东莞畜产进出口有限公司申请承认和执行俄罗斯联邦工商会国际商事仲裁法院仲裁裁决案"中,[①]被申请人抗辩认为,其从来没有收到俄罗斯仲裁院的仲裁通知,仲裁裁决提及通过DHL快递公司发送但被拒收,即使有该快递送达行为,该送达方式也是违法的。法院查明,DHL快递公司快递员多次尝试向被申请人送达仲裁材料,但收件人拒收。根据寄送邮单反映,俄罗斯联邦贸易工业联合会国际商事仲裁法院的送达地址与被申请人在案涉供应协议中约定的地址一致。法院认为,根据《俄罗斯联邦贸易工业联合会国际商业纠纷仲裁规则》第10条的规定,秘书处发送的文件,被视为在一方收到该消息的当天或在发

① 广东省东莞市中级人民法院(2019)粤19协外认1号民事裁定书。

送时应该收到该消息时收到的情况,包括该人没有出现接收信息、拒绝接收信息、没有找到或者没有住在适当的地址。即依据该仲裁规则,被申请人拒收 DHL 快递公司邮件,被视为收到仲裁通知。案涉仲裁裁决不存在《纽约公约》第 5 条第 1 款乙项规定的可拒绝承认与执行裁决之情形,故裁定承认和执行案涉裁决。

在"申请人华联力宝医疗有限公司(OUE Lippo Healthcare Limited.)与被申请人林某坤申请承认和执行新加坡国际仲裁中心仲裁裁决案"中,①围绕仲裁适当通知这一问题,法院认为,仲裁送达程序应根据《SIAC 仲裁规则》的规定进行审查。在该案中,被申请人林某坤在《购股协议》中约定了地址,仲裁审理中向上述约定地址送达有关仲裁文件,符合《SIAC 仲裁规则》第 2.1 条、第 2.2 条的规定,应认定仲裁送达程序合法有效。被申请人是否实际收到仲裁文件,并非判断仲裁送达程序是否合法的依据,法院对被申请人关于仲裁送达程序的异议不予支持。

在"申请人 ACME 清洁技术解决方案私人有限公司与被申请人中电电气(上海)太阳能科技有限公司(以下简称中电公司)申请承认和执行外国仲裁裁决案"中,②中电公司称,该公司自始至终没能收到 SIAC 的书面仲裁开庭通知。ACME 公司所有的申请及提交的证据材料均由 SIAC 通过邮件方式发送给被申请人中电公司,且 SIAC 未能组织开庭审理案件,导致中电公司不能及时对证据真实性进行确认并行使陈述、质证、辩论等

① 上海市第一中级人民法院(2019)沪 01 协外认 5 号之一民事裁定书。

② 上海市第一中级人民法院(2019)沪 01 协外认 12 号民事裁定书。

权利。法院认为,SIAC 通过电子邮件向中电公司多次发送了仲裁通知,其中 J 先生是双方购货协议中指定的收件人,同时 J 先生邮件还抄送给了中电公司的 5 名高管,其中包括该公司的董事长。之后,中电公司员工刘某代表中电公司向 SIAC 发送邮件询问案件情况,这表明 SIAC 向中电公司发送的邮箱地址是正确的。在刘某代表中电公司提出延期审理的申请后,仲裁庭决定延长中电公司提交答辩书的期限,并延后了庭审日期,中电公司对此表示无异议,同时确认已收到对方的证据。虽然,之后中电公司称,因刘某离职而未能及时参加庭审,但此系中电公司的内部管理问题,中电公司向仲裁庭提交的相关函件表明,刘某代表中电公司已经收到了仲裁庭的 2 号程序令,并已确认了新的庭审日期。因此,该案的仲裁庭审通知以及对方的证据均以电子邮件的方式向中电公司送达,且中电公司亦已实际收到,上述送达方式符合《SIAC 仲裁规则》的规定。仲裁庭进行了两天的庭审,中电公司未参加庭审陈述意见以及逾期提交的答辩书未被仲裁庭采纳,均系由其自身原因造成,仲裁庭审程序并未违反《SIAC 仲裁规则》。对中电公司关于仲裁庭送达及庭审程序提出的异议,法院均不予采纳。

4. 仲裁庭的组成

在"申请人新加坡满升航运有限公司(Amarante Shipping Pte Ltd.)与被申请人卓联海运有限公司(Intermarine Shipping Co. Ltd.)申请承认和执行英国仲裁裁决案"中,①被申请人抗辩,其未获指定仲裁员和仲裁程序的

① 天津海事法院(2019)津 72 协外认 1 号之一民事裁定书。

适当通知,也未能获得选定仲裁员的书面通知,最终由申请人指定的仲裁员进行独任审理,不满足双方合同第17条中关于指定仲裁员的人数要求。法院查明,申请人于2016年5月10日以公证的方式向被申请人送达《仲裁申请书》《仲裁通知书》,通知其可以选定一名仲裁员。法院认为,根据双方合同第17条的约定,被申请人有权选定一名仲裁员,并由选定的仲裁员与申请人选定的仲裁员共同选定另外一名仲裁员并组成仲裁庭。但是,被申请人在接到指定仲裁员通知后,并没有选择仲裁员。在此种情况下,由申请人选定独任仲裁员进行仲裁符合双方合同第17条约定适用的"波罗的海国际航运理事会格式仲裁条款"的规定,且在仲裁过程中被申请人并未对独任仲裁提出异议,故法院不支持其主张。

5. 仲裁程序中当事人陈述意见的权利

在"申请人安富尔自由贸易区公司与被申请人广东粤新海洋工程装备股份有限公司申请承认和执行外国仲裁裁决案"中,[①]粤新公司其中一项不予执行的理由是,该公司已向仲裁庭明确保留对安富尔公司提出的,因仲裁产生的法律费用的费用意见提出回复意见的权利,但仲裁庭在收到安富尔公司提交的费用意见后,仅要求粤新公司提出结案陈词,未要求粤新公司提出回复意见,并以安富尔公司的费用意见为依据,径行认定安富尔公司为仲裁产生的法律费用金额,剥夺了粤新公司对费用意见进行申辩的权利。法院认为,仲裁庭于2018年4月16日收到安富尔公司的费用意见

① 广州海事法院(2020)粤72协外认1号。

书后，当日即要求粤新公司提交结案陈词，粤新公司可以对安富尔公司的费用意见向仲裁庭陈述自己的意见，但粤新公司并没有向仲裁庭提交意见，即仲裁庭并没有剥夺粤新公司对安富尔公司法律费用意见进行申辩的权利，不存在《纽约公约》第 5 条第 1 款乙项规定的情形，粤新公司以被剥夺申辩权利为由提出的应不予承认与执行案涉仲裁裁决的主张，缺乏事实和法律依据，法院不予支持。

（六）超裁情形的认定

在“申请人加拿大奥克塔福系统有限公司（Octaform Systems Inc.）与被申请人华浚塑料建材有限公司申请承认和执行加拿大不列颠哥伦比亚省国际商事仲裁中心仲裁裁决案”（以下简称“奥克塔福案”）中，[①]被申请人抗辩，案涉《供应协议》系双方就异型材（模板）产品购买达成的协议，后双方另行交易的快线面板产品不受该协议的约束。由于仲裁员不接受此观点，被申请人就快线面板产品的相关金额提出了反仲裁请求，但该反请求的提出并不代表其认可仲裁庭对快线面板产品具有管辖权，故仲裁庭对快线面板争议作出裁决构成超裁。法院认为，首先，《确认函》载明，双方就申请人遭受的质量保证问题及造成的损失、损失赔偿、一致同意将得到执行的质量保证程序三个方面达成协议，损失赔偿条款中写明，按照《供应协议》第 22 条的规定，被申请人必须更换所有有缺陷或瑕疵的货物，并赔偿申请人因不合格货物而产生的任何费用、索赔或损害，瑕疵或缺陷货物

① 浙江省湖州市中级人民法院（2019）浙 05 协外认 1 号民事裁定书。

明细中包含了快线面板产品,故双方在实际交易过程中对快线面板产品适用了《供应协议》的约定。其次,被申请人在仲裁过程中提出,申请人应支付其在快线面板上打孔而购买专业设备的费用、改造快线面板产品费用,故被申请人就快线面板产品提出过反请求。最后,《不列颠哥伦比亚省国际商事仲裁中心仲裁规则》第15条第5款规定,仲裁庭可以就仲裁事项超出仲裁庭权限的抗辩以初步的问题或在仲裁裁决中就争议实质作出裁定。案涉仲裁裁决载明,申请人依据《供应协议》第29条"保密"的规定主张,被申请人使用其快线面板产品的保密尺寸生产竞品并销售申请人设计的尺寸为16英寸的面板,滥用了申请人的保密信息。仲裁裁决专门针对被申请人提出《供应协议》系对异型材产品的约定,不适用于快线面板产品的抗辩以作出分析认定,认为《供应协议》的通用条款和条件将增加或修改至双方后续已接受的订单中。综上所述,仲裁庭就快线面板产品作出仲裁裁决并未超出仲裁协议的约定,不存在《纽约公约》第5条第1款丙项之超裁情形。

(七)裁决是否被裁决地法院撤销的举证责任分配

在"申请人沃泰思航运有限公司与被申请人华风国际海运有限公司(以下简称华风公司)申请承认和执行外国仲裁裁决案"中,[①]被申请人华风公司称,其已就最终裁决向英国法院提起诉讼,案涉裁裁决是否生效需要进一步核实。法院查明,波罗的海交易所会员兼伦敦海事仲裁委员会仲

① 上海海事法院(2019)沪72协外认1号民事裁定书。

裁员蒂莫西·马歇尔(Timothy Marshall)和伊恩·冈特(Ian Guant)在伦敦组成临时仲裁庭,对案涉租船合同纠纷项下的部分先决事项,于2017年6月7日作出首份仲裁裁决。法院认为,该案仲裁裁决在英国伦敦作出,我国与英国均为《纽约公约》缔约方,应当依照《纽约公约》等相关规定进行审查。根据《纽约公约》第5条第1款戊项的规定,裁决不具有约束力以及裁决在裁决作出地国被撤销或停止执行,可以拒绝承认与执行,但应由负有履行裁决义务一方当事人举证证明。被申请人华风公司虽然提出其已针对最终裁决向英国法院提起诉讼,但并未提交符合法律形式要件的证据,无法证明涉案仲裁裁决已被英国法院撤销,故该理由不能成立。

（八）违反公共政策情形的认定

在"申请人上海佳船机械设备进出口有限公司与被申请人美克斯海洋工程设备股份有限公司申请承认英国海事仲裁裁决案"中,[①]被申请人主张,在上海海事法院受理确认涉案仲裁协议效力之诉裁判文书作出前,英国仲裁庭未中止程序的行为严重损害了我国的司法管辖权,从而有违我国的公共政策。法院认为,《纽约公约》第5条第2款乙项的"公共政策",通常被认为是违反我国法律基本原则、侵犯我国国家主权、危害国家及社会公共安全、违反善良风俗等危及我国社会公共利益的情形。司法管辖权作为法律授予的权力,在很大程度上关系我国法律的基本原则和国家司法主权。但根据上海海事法院(2017)沪72民特182号之一民事裁定书,双方

---

① 浙江省嘉兴市中级人民法院(2019)浙04协外认2号民事裁定书。

当事人约定将争议事项交由英国伦敦海事仲裁员协会的仲裁条款合法有效。故英国仲裁庭对涉案仲裁的管辖没有损害我国的司法管辖权,并不违反我国的公共政策。

在“奥克塔福案”中,[①]被申请人提交其于2016年4月29日就4种PVC天花板申请获得的实用新型专利及于2017年6月27日向德清县人民法院诉讼申请人确认不侵害知识产权纠纷的诉讼材料,主张案涉仲裁裁决将已在我国获得专利的产品认定为违反了约定保密义务,构成《纽约公约》第5条第2款乙项规定的违反公共政策的情形。法院认为,《纽约公约》第5条第2款乙项规定的违反公共政策的情形,应当理解为承认和执行外国仲裁裁决将严重违反我国法律基本原则、侵犯我国国家主权、危害社会公共安全、违反善良风俗以及危及我国根本社会公共利益的情形。案涉供应协议约定,订单项下双方的义务适用加拿大不列颠哥伦比亚省的法律,案涉仲裁裁决载明,双方当事人均确认以普通法中的规定作为违反保密义务的验证标准即信息必须具有必要的保密特性,提供信息的情形引发保密义务,仲裁庭以此审查被申请人是否在未经授权的情况下使用该信息。且各国授予的专利权彼此独立,被申请人并未举证证明其在加拿大亦就该产品申请并获得了专利授权,从而得到加拿大的保护。仲裁裁决作出是否违反保密义务的认定,影响的只是申请人与被申请人的经济利益,不违反我国的基本法律制度、不损害我国根本社会公共利益。因此,被申请

① 浙江省湖州市中级人民法院(2019)浙05协外认1号民事裁定书。

人关于承认和执行仲裁裁决将违反我国公共政策的抗辩不能成立。

(九)无抗辩的审查情形

在“申请人韩国UNID国际商社(UNID Global Corporation,以下简称UNID商社)与被申请人宁波保税区长荣国际贸易有限公司(以下简称长荣公司)申请承认大韩商事仲裁院仲裁裁决案”中,[①]长荣公司未答辩,法院认为,UNID商社提交了仲裁裁决书、双方签订的销售合同文本及翻译件,符合《纽约公约》第4条的规定。仲裁裁决书已向双方送达,该裁决书对双方当事人具有拘束力。韩国商事仲裁院就该案作出的仲裁裁决不具有《纽约公约》第5条第1款规定的可以拒绝承认和执行的情形,亦符合全国人民代表大会常务委员会《关于我国加入〈承认及执行外国仲裁裁决公约〉的决定》,也不违反我国加入该公约时所作出的保留性声明条款,故法院对该裁决书的效力予以承认。

在“申请人上海诺基亚贝尔股份有限公司与被申请人人乌兹特拉斯加斯股份有限公司申请承认国际商会仲裁院在新加坡作出的仲裁裁决案”中,[②]被申请人未提出抗辩意见。法院认为,鉴于涉案仲裁裁决系由ICC仲裁院在新加坡境内作出的,而中国和新加坡均为《纽约公约》缔约方,故申请人申请承认ICC仲裁院在新加坡作出的仲裁裁决应符合《纽约公约》的规定。经审查,申请人已经向法院提交了《纽约公约》第4条规定的文件,且涉案仲裁裁决不具有《纽约公约》第5条第1项、第2项所列的情形,

---

① 浙江省宁波市中级人民法院(2019)浙02协外认4号民事裁定书。

② 上海市第一中级人民法院(2018)沪01协外认4号民事裁定书。

应当裁定承认其效力。

在"申请人翱兰国际有限公司与被申请人青岛中商恒通国际贸易有限公司申请承认和执行外国仲裁裁决案"中,[①]翱兰国际有限公司申请依法承认国际棉花协会于2020年2月28日作出的仲裁裁决。受理法院认为,案涉仲裁裁决书系由国际棉花协会于2020年2月28日在英格兰利物浦作出,系外国仲裁裁决,应适用我国《民事诉讼法》和《纽约公约》的相关规定。被申请人未到庭进行答辩、质证,未对涉案仲裁协议的效力、仲裁员的任命、裁决事项超裁、仲裁庭的组成及仲裁程序等事项提出异议,未提交证据证明上述事项存在瑕疵,也未提出拒绝承认和执行的抗辩。案涉裁决未超过《民事诉讼法》第239条关于申请执行期限的规定。而申请人向法院提交的仲裁裁决书等已经过法定的公证、认证和翻译,其申请在文件的提交方面符合《纽约公约》第4条的规定。同时,申请人与被申请人在其签订的销售合同中约定了仲裁事项,仲裁庭在裁决后已向双方当事人送达了裁决书,该仲裁裁决不具有《纽约公约》第5条规定的可以拒绝承认和执行的情形,故法院裁定予以承认和执行。

从2020年适用《纽约公约》的案件看,人民法院秉持有利于裁决执行的公约精神,针对当事人抗辩不予承认和执行的事由,依据《纽约公约》第5条第1款的规定进行审查,尊重当事人约定的仲裁协议以及仲裁规则,严格把握公共政策条款,在民事裁定书中对《纽约公约》的说理和分析日

---

① 山东省青岛市中级人民法院(2020)鲁02协外认5号民事裁定书。

趋详细，并在对该公约具体条款的理解上适当参考了联合国贸法会关于《纽约公约》的指南，整体呈现较高的涉外司法裁判水平。在《纽约公约》适用方面，有下列几个新的动向值得关注。

第一，从宽理解《纽约公约》第4条的规定。"奥克塔福案"在理解《纽约公约》第4条第2款译本的认证要求时，在双方对英文译本内容无争议时，未强制要求对译本进行公证认证，采取了较宽松的实用主义态度，有利于促进裁决的执行。此外，《纽约公约》第4条规定，应当提交仲裁裁决及仲裁协议的原本及正式副本，系申请承认和执行外国仲裁裁决的受理材料要求，人民法院经形式审查符合第4条规定的，则应予受理；不符合第4条规定，人民法院应当裁定驳回申请。例如，存在仲裁协议无效、失效、不可执行等仲裁协议效力的实体争议，应由被申请人根据《纽约公约》第5条第1款甲项的规定提出不予承认和执行仲裁裁决的抗辩，而非第4条项下的抗辩。但从司法实践看，对于《纽约公约》第5条第1款甲项规定的仲裁条款效力审查是否包括仲裁条款成立的审查问题，仍有做法不一致的情况。

第二，关于仲裁协议签字人的代理权问题。根据《纽约公约》第5条第1款甲项"第二条所称协定之当事人依对其适用之法律有某种无行为能力情形者"的规定，当事人是否具有代理权属于行为能力涵盖的范围，但《纽约公约》本身没有规定如何确定行为能力准据法，从《纽约公约》的起草过程看，"对其适用之法律"为当事人身份地位的属人法[to be determined according to the law governing (a party's) personal status]。[①] 过往案例较多适用"代理人"本国法,即代理人国籍国法或经常居所地法律。在"IM 全球有限责任公司案"中,法院首次根据申请承认和执行地国法,即我国冲突规范《涉外民事关系法律适用法》所规定的代理关系冲突规范,确定代理关系发生地法即协议签订地法——法国法,来判断代理关系成立与否,在确认代理关系以及保护交易相对人利益上具有更强的可预期性。

第三,关于仲裁前置协商程序。在争议解决条款中,当事人将协商、和解、调解等作为提起仲裁的前置程序,十分典型且常见,被称为升级条款(escalation clause)。人民法院一般通过宽松解释的方式,来认定前置协商程序是否得到实质满足。"IM 全球有限责任公司案"对"仲裁程序"作严格解释,认为仅是指仲裁过程中的程序性事项,而不包括仲裁之前的协商解决争议程序,是一种较新的思路,其排除了人民法院根据《纽约公约》第5条第1款丁项审查前置协商程序满足与否的可能性。但该思路与最近我国香港特别行政区法院[②]将前置协商程序趋向于定性为仲裁庭可受理性(admissibility)问题而非管辖权(jurisdiction)问题的做法,似有不一致之处。例如,仲裁协议对强制性前置协商程序的约定十分清晰而明确,而仲裁庭违反前置程序予以受理,人民法院对该种违反仲裁协议的情形如何处理,是作为《纽约公约》第5条第1款甲项的管辖权问题予以审查,还是对

① Travauxpreparetoires, *United Nations Conference on International Commercial Arbitration*, Summary Records of the Twenty-fourth Meeting, E/CONF. 26/SR. 24, p. 7.

② 香港高等法院 Cv. D [2021] HKCFI 1474。

该种审查思路设定例外情形，仍在《纽约公约》第5条第1款丁项下进行审查，有待进一步观察。

第四，关于违反公共政策的情形。由于我国仲裁法没有完全承认仲裁自裁管辖原则，因此，跨境争议较多涉及一方当事人依据仲裁协议在境外仲裁，而另一方当事人在我国法院提起申请确认仲裁协议效力之诉的平行程序情形。“上海佳船机械设备进出口有限公司案”之所以认定未违反公共政策，原因在于，上海海事法院在申请确认仲裁协议效力之诉中认定仲裁条款有效。另外，近年来涉及商业秘密等知识产权争议选择境外仲裁的趋向较明显，由于知识产权的地域性以及各国保护水平的差异，未来可能会在知识产权领域产生较多解释公共政策条款的争议，此处也值得予以关注。

四、申请认可和执行我国港澳台地区仲裁裁决案件相关法律问题

2020年适用《关于内地与香港特别行政区相互执行仲裁裁决的安排》（以下简称《安排》）的案件7宗，结果均为认可与执行。涉及《安排》的管辖权异议案件3宗；适用最高人民法院《关于内地与香港特别行政区法院就仲裁程序相互协助保全的安排》采取准予财产保全的案件7宗。2020年11月27日，最高人民法院与我国香港特别行政区政府律政司签署《关于内地与香港特别行政区相互执行仲裁裁决的补充安排》，同时双方首次以中英文双语形式发布相互执行仲裁裁决的10起典型案例，对于进一步

完善两地司法协助体系具有重要意义。在内地发布的5起典型案例中有部分案例系2019～2020年作出,亦收入本书。

此外,未检索到2020年适用《关于内地与澳门特别行政区相互认可和执行仲裁裁决的安排》《关于认可和执行台湾地区仲裁裁决的规定》的案件。

(一)中国香港特别行政区仲裁程序的协助保全问题

在"申请人瑞士联合银行集团新加坡分行(United Bank of Switzerland AG,Singapore Branch)与被申请人上海国储能源集团有限公司合同纠纷案"中,①申请人在仲裁裁决作出前,依据最高人民法院《关于内地与香港特别行政区法院就仲裁程序相互协助保全的安排》的规定提出财产保全申请,法院审查后作出冻结被申请人银行存款或查封、扣押、冻结其他等值财产的裁定。在"申请人成为资本(香港)有限公司(Chengwei Capital HK Limited)与被申请人姜某海、杨某申请财产保全案",②"申请人中非发展基金有限公司与被申请人四达时代通讯网络技术有限公司股东协议违约纠纷案",③"申请人 Pahxd Company Limited 与被申请人崔某、Success Genius Corp. 等合同纠纷案",④"申请人中白产业投资基金(SINO-BLR Industrial Investment Fund,L. P.)与被申请人陈某孟、深圳国泰安教育技术有限公

① 上海金融法院(2020)沪74财保7号民事裁定书。
② 上海市第一中级人民法院(2020)沪01财保26号民事裁定书。
③ 北京市第一中级人民法院(2020)京01财保276号民事裁定书。
④ 北京市第一中级人民法院(2020)京01财保198号民事裁定书。

司、国泰安教育技术有限公司、长智国安教育控股有限公司、全信行有限公司(Total Truth Limited)、国泰安投资有限公司(GTA Investment Limited)申请财产保全案”,[①]“申请人科非投资(香港)有限公司[Kefei Investment (Hong Kong) Limited]与被申请人协鑫集团有限公司(Golden Concord Group Limited)、华宝企业有限公司(Sinopro Enterprises Limited)申请财产保全案”,[②]“申请人衣念(上海)时装贸易有限公司与被申请人锦泓时装集团股份有限公司申请财产保全案”中,[③]法院均支持保全申请人的申请,依据最高人民法院《关于内地与香港特别行政区法院就仲裁程序相互协助保全的安排》的规定,采取财产保全措施。我国内地法院协助香港特别行政区仲裁程序实施保全的便利化,不仅标志着两地司法互助体系趋于完善,也是我国内地助力香港特别行政区打造亚太争议解决中心的重要举措之一。

(二)管辖权异议的相关问题

在“申请人思源海运(香港)有限公司[Elim Spring Marine (Hong Kong) Limited]与被申请人上海樽文实业有限公司申请认可和执行香港特别行政区仲裁裁决案”中,[④]被申请人在提交答辩状期间对管辖权提出异议,认为双方签署的涉案和解协议项下纠纷并非涉案租约项下纠纷,是新

① 广东省深圳市中级人民法院(2020)粤03财保47号民事裁定书。
② 上海市第一中级人民法院(2020)沪01财保20号民事裁定书。
③ 上海市第一中级人民法院(2020)沪01财保13号民事裁定书。
④ 上海海事法院(2020)沪72认港1号民事裁定书。

的、独立的债权债务合同法律关系,不属于海商海事合同的范畴,而属于普通民商事合同纠纷,上海海事法院对该案无管辖权,请求移送有管辖权的人民法院管辖。上海海事法院认为,申请人和被申请人之间签署的和解协议内容系调整租船合同所约定的权利义务,其目的在于解决租船合同产生的纠纷。双方纠纷属于航次租船合同纠纷,由此取得的仲裁裁决属于海事仲裁裁决,依据最高人民法院《关于海事法院受理案件范围的规定》的规定,该案应由海事法院专门管辖,该院作为被申请人住所地辖区法院,对该案具有管辖权。故裁定驳回管辖权异议。

在"上诉人天洋控股集团有限公司与被上诉人成功(中国)大广场有限公司、原审被申请人北京天洋国际控股有限公司、周某认可和执行香港仲裁裁决管辖权异议纠纷案"中,[①]法院针对上诉人提出的管辖权异议上诉审查认为,根据《安排》第1条、第2条之规定,被申请人住所地或者财产所在地位于不同中级人民法院辖区的,申请人可以选择其中一家人民法院申请执行裁决,不得分别向两家或两家以上人民法院提出申请。被申请人住所地位于北京市辖区,并被冻结相应股权等财产,故北京市第四中级人民法院对该案有管辖权。天洋集团公司主张,其主要办事机构位于河北省三河市,但未举证证明,即使其主张成立,申请人仍有权选择其中一家法院申请执行裁决,执行是否更便利,亦不影响管辖权的确定。裁定驳回上诉,维持原裁定。

---

① 北京市高级人民法院(2020)京民辖终161号民事裁定书。

最高人民法院《关于审理仲裁司法审查案件若干问题的规定》第10条规定,人民法院受理仲裁司法审查案件后,被申请人对管辖权有异议的,应当自收到人民法院通知之日起15日内提出。人民法院对被申请人提出的异议,应当审查并作出裁定。当事人对裁定不服的,可以提起上诉。该条明确了仲裁司法审查案件适用管辖权异议制度。除最高人民法院《关于海事法院受理案件范围的规定》规定海事法院对海事仲裁司法审查案件实行专门管辖外,最高人民法院《关于上海金融法院案件管辖的规定》《关于北京金融法院案件管辖的规定》亦先后规定了对金融民商事纠纷仲裁司法审查案件的管辖权,增加了仲裁司法审查案件管辖权分配的复杂性。管辖权异议程序是否导致仲裁司法审查案件效率降低,有待进一步观察。

(三)我国内地裁决在香港特别行政区被拒绝执行不影响裁决在内地的效力

在"上诉人陈某宇因与被上诉人何某兰、一审第三人广州市楼外楼房地产咨询有限公司房屋买卖合同纠纷上诉案"中,①广州仲裁委员会依据房屋买卖合同的仲裁条款作出仲裁裁决,裁令何某兰向陈某宇返还购房款、支付违约金等。因何某兰主要财产在香港特别行政区,陈某宇向香港特别行政区高等法院申请许可执行,我国香港特别行政区高等法院作出许可强制执行令。何某兰以没有获得仲裁程序的恰当通知及未能答辩为由申请拒绝执行,香港特别行政区高等法院判决搁置强制执行令。陈某宇向

---

① 广东省广州市中级人民法院(2020)粤01民终18160号民事裁定书。

广州市越秀区人民法院起诉,该院驳回其起诉。陈某宇上诉认为,《安排》强制要求选择且只能选择我国内地或香港特别行政区一地法院提出申请,没有在一地法院拒绝后在另一地法院继续申请执行的法律依据,其有权另行起诉。法院认为,广州仲裁委员会的案涉仲裁裁决未被人民法院撤销或者裁定不予执行前,始终具有法律效力,当事人可以向有管辖权的人民法院申请执行。陈某宇仅以仲裁裁决被香港特别行政区高等法院判决搁置执行为由,向我国内地法院就该案同一纠纷另行起诉,于法无据,维持一审驳回起诉的裁定。

该案反映出《安排》第 2 条第 3 款"被申请人的住所地或者财产所在地,既在内地又在香港特别行政区的,申请人不得同时分别向两地有关法院提出申请。只有一地法院执行不足以偿还其债务时,才可就不足部分向另一地法院申请执行。两地法院先后执行仲裁裁决的总额,不得超过裁决数额"的规定,在司法实践中存在混淆认识,客观上亦不便于裁决的执行。2020 年 11 月 9 日,最高人民法院审判委员会审议通过《关于内地与香港特别行政区相互执行仲裁裁决的补充安排》,已将《安排》第 2 条第 3 款修改为:"被申请人在内地和香港特区均有住所地或者可供执行财产的,申请人可以分别向两地法院申请执行。应对方法院要求,两地法院应当相互提供本方执行仲裁裁决的情况。两地法院执行财产的总额,不得超过裁决确定的数额。"案涉裁决在我国香港特别行政区不具有执行力并不影响其在内地具有法律效力以及可执行性,法院驳回陈某宇的起诉是正确的。

（四）指定仲裁员的程序问题

在“申请人国际金融公司（International Financial Corporate，IFC）与被申请人四川久大制盐有限公司申请认可和执行香港仲裁裁决案”中，[①]被申请人主张香港国际仲裁中心任命独任仲裁员违反双方《贷款协议》第7.05条关于仲裁庭组成应为3名仲裁员的约定，构成最高人民法院《关于内地与香港特别行政区相互执行仲裁裁决的安排》第7条第1款第4项仲裁庭组成与当事人协议不符的情形。法院认为，香港国际仲裁中心虽然改变了《贷款协议》第7.05条（C）款有关由3名仲裁员组成仲裁庭的原始约定，选择了由独任仲裁员进行裁决，但该改变系经双方同意后达成的一致意见，被申请人并没有根据《贸法仲裁规则》的相关规定，在仲裁过程中对香港国际仲裁中心指定的仲裁员提出异议。故香港国际仲裁中心有关独任仲裁员的任命不构成违反最高人民法院《关于内地与香港特别行政区相互执行仲裁裁决的安排》第7条第1款第4项规定的情形。裁定执行案涉香港特别行政区仲裁裁决。

在“申请人宾士奈设计集团国际咨询有限公司与被申请人成都门里望江置地有限公司、成都晨川实业有限公司申请认可和执行香港仲裁裁决案”中，[②]被申请人辩称，香港国际仲裁中心指派仲裁员所涉及的仲裁程序与当事人的协商不符。双方《服务协议》第15.10条约定，各方当事人同意

① 四川省自贡市中级人民法院（2020）川03认港1号民事裁定书。

② 四川省成都市中级人民法院（2019）川01认港1号民事裁定书，系内地与香港相互执行仲裁裁决典型案例之五。

将因履行《服务协议》所产生的纠纷提交香港国际仲裁中心仲裁,并适用《贸法会仲裁规则》。根据《贸法会仲裁规则》第8条的规定,在进行指定时,除非当事人约定不使用名单法(List-Procedure),香港国际仲裁中心应当适用名单法进行指定。香港国际仲裁中心未采取名单法先行征求各方当事人关于指定仲裁员的意见,而是径行指定黄劲大律师担任独任仲裁员,与上述仲裁规则不符。法院认为,《服务协议》中约定适用《贸法会仲裁规则》由独任仲裁员以英文进行,仲裁由香港国际仲裁中心管理,仲裁员指定机关为香港国际仲裁中心。根据《贸法会仲裁规则》第8条的规定,"指定机构应尽速指定独任仲裁员,在进行指定时除非当事人约定不使用名单法,或指定机构依其裁量权决定该案件不宜使用名单法,否则指定机构应使用下述名单法:……由于任何原因,无法按这一程序进行指定的指定机构可行使其裁量权指定独任仲裁员"。在案涉仲裁程序中,香港国际仲裁中心行使其裁量权指定独任仲裁员符合以上规定。并且,在其后仲裁庭发函告知被申请人关于仲裁审理程序事宜的过程中,被申请人也未作出任何回复。因此,仲裁庭的组成符合双方在《服务协议》中的约定。

近年来,当事人约定适用《贸法会仲裁规则》进行仲裁的案件增多。《贸法会仲裁规则》第8条赋予指定机构(appointing authority)在任命独任仲裁员较大的裁量权,如各方当事人已约定指定独任仲裁员,而各方当事人在收到指定独任仲裁员的建议后,未能就选择独任仲裁员达成一致的,一方可以请求由指定机构指定独任仲裁员。指定机构在当事人约定不使用名单法或是裁量决定名单法不宜适用时,可以不适用名单法。上述案件反映了我国内地法院依照当事人约定的仲裁规则审查仲裁庭的具体组成,对仲裁规则赋予指定机构的裁量权予以尊重,同时也充分考虑被申请人在仲裁程序是否存在程序瑕疵异议弃权的情况。

(五)仲裁程序中的仲裁员披露义务

在"申请人大卫戴恩咨询有限公司(David Dein Consultancy Limited)、布拉姆利有限公司(Bramley Corporation Ltd.)与被申请人北京中赫国安足球俱乐部有限责任公司(以下简称国安俱乐部)申请认可和执行香港仲裁裁决案"中,[①]被申请人国安俱乐部以仲裁庭的组成与当事人之间的协议及我国香港特别行政区法律不符为抗辩主张不予认可案涉裁决。法院认为,依据仲裁时香港国际仲裁中心有效的2018年版仲裁规则,仲裁庭的组成并不违反该仲裁规则。仲裁员与两名申请人的公司董事均在英国足球协会任职,并不必然表明仲裁员与两名申请人之间具有利益关系或者利害关系。裁定认可和执行案涉仲裁裁决。该案明确了,在认定《安排》第7条"仲裁庭的组成或者仲裁庭程序与当事人之间的协议不符"条款,涉及仲裁员存在披露、回避等程序问题时,法院应依据仲裁规则,结合社会生活经验合理判断,以是否足以影响仲裁的公正性和独立性为原则进行审查。在该案中,仲裁员因工作、生活、学习等社会活动需要而在同一组织任职等情况,并不一定构成利害关系或其他影响公正仲裁的关系,不予披露与仲裁员独立性以及与公正仲裁无关的内容,并不违反仲裁规则。

---

① 北京市第四中级人民法院(2020)京04认港5号民事裁定书,系内地与香港相互执行仲裁裁决典型案例之三。

(六)当事人被清盘不影响仲裁司法审查程序中的主体地位

在“申请人雄丰集团(深圳)有限公司与被申请人香港雄丰集团有限公司申请认可香港仲裁裁决案”中,[①]申请人申请认可香港国际仲裁中心作出的仲裁裁决。案涉仲裁裁决载明,香港雄丰集团有限公司在2000年11月27日的我国香港特别行政区法院清盘令中被强制清盘,并于2001年9月28日任命了清盘人。深圳市中级人民法院受理该案后,向被申请人的清盘人送达了申请书和开庭通知,清盘人未到庭参加审理,亦未提交书面意见。法院认为,香港雄丰集团有限公司在仲裁期间虽被清盘,但不影响其行为能力,仲裁双方当事人均具有完全的行为能力,双方当事人均从未对仲裁协议效力提出异议,并参加了仲裁案件的审理,法院确认该仲裁协议有效。尽管申请人的申请超过2年申请执行期间,但被申请人未提出异议,根据最高人民法院《关于适用〈中华人民共和国民事诉讼法〉的解释》第483条的规定,人民法院应予受理。案涉裁决不存在《安排》第7条规定的“不予执行情形”,裁定予以认可。

(七)涉我国香港特别行政区仲裁协议准据法问题

在“申请人华夏航运(新加坡)有限公司(以下简称华夏公司)与被申请人东海运输有限公司(以下简称东海公司)申请认可和执行香港仲裁裁决案”中,[②]双方于2012年2月签订包运合同,约定因合同产生的所有争议

---

① 广东省深圳市中级人民法院(2018)粤03民初2267号民事裁定书。

② 广州海事法院(2018)粤72认港1号之一号、(2019)粤72认港1号民事裁定书,系内地与香港相互执行仲裁裁决典型案例之一。

提交中国香港特别行政区仲裁,适用英国法。2012年4月,华夏公司向东海公司发送电子邮件,确认双方在前述包运合同的基础上达成补充合同,约定新增运输一批货物,其他条款和条件适用包运合同。之后双方就补充合同的履行发生争议,华夏公司在中国香港特别行政区提起仲裁,香港特别行政区仲裁庭分别作出首次终局裁决和费用终局裁决,裁决东海公司支付相应赔偿款项及相关仲裁费用。华夏公司申请认可和执行上述两份仲裁裁决。东海公司答辩认为,补充合同是当事人双方通过电话形式口头达成的,未约定仲裁条款或者仲裁协议,东海公司亦从未认可仲裁庭具有管辖权。法院认为,仲裁协议成立与否属于对仲裁协议效力的审查范围。因双方当事人未对确认仲裁协议效力的准据法作出约定,故根据《安排》第7条第1项的规定,应依据仲裁地法律即中国香港特别行政区法律对涉案仲裁协议是否成立进行审查,而依据香港特别行政区法律的有关规定,涉案电子邮件记载的合同并入条款构成有效成立的仲裁协议。

《安排》第7条第1项明确规定,仲裁协议无效的,裁定不予执行。但是,仲裁协议无效是否包括仲裁协议不成立的情形,在实践中存在争议。法院认为,仲裁协议是否成立是仲裁协议是否有效的前提,属于仲裁协议效力的审查范畴,仲裁协议无效应包括仲裁协议不成立的情形,仲裁协议是否成立应当依据《安排》第7条第1项规定的仲裁地法律予以判断。

(八)仲裁中的通知问题

在“申请人宾士奈设计集团国际咨询有限公司与被申请人成都门里望

江置地有限公司、成都晨川实业有限公司申请认可和执行香港仲裁裁决案”中,[①]被申请人辩称,香港国际仲裁中心及独任仲裁员在向其送达与仲裁程序相关法律文书时未采取适当、有效的通知方式。根据司法部令第69号《中国委托公证人(香港)管理办法》的相关规定,对在我国香港特别行政区发生的法律行为、有法律意义的事实和文书,如需在中国内地使用,首先应经过司法部颁发委托书并进行注册的香港律师进行公证,然后经中国法律服务(香港)有限公司审核并加章转递。相关仲裁文书未按上述规定进行送达,导致被申请人无法识别文书的真实性,不能参与仲裁程序,剥夺了被申请人陈述意见的权利。法院认为,案涉《服务协议》约定仲裁适用《贸法会仲裁规则》,根据其第2条的规定,通知包括通知书、函件或建议,可通过任何能够提供或容许传输记录的通信手段进行传输。凡一方当事人已为此目的专门指定某一地址,或者仲裁庭已为此目的同意指定某一地址的,均应按照合同中的示范仲裁条款载于仲裁规则的附件。按该地址将任何通知送达该当事人。照此方式递送的,视为收到通知。没有指定地址或没有同意指定地址的,通知直接交给收件人,即为收到;通知递送到收件人营业地、惯常住所或通信地址,即视为收到。在案涉仲裁程序中,仲裁员按照双方《服务协议》约定的地址送达相关文书,且被申请人也表明确实收到,不存在仲裁员未适当通知被申请人的问题。被申请人主张,应按《中国委托公证人(香港)管理办法》的规定向被申请人送达相关仲裁文

① 四川省成都市中级人民法院(2019)川01认港1号民事裁定书,系内地与香港相互执行仲裁裁决典型案例之五。

书，与约定的仲裁规则之规定不符，故对该意见不予采纳。

（九）社会公共利益的界定问题

在"申请人大卫戴恩咨询有限公司（David Dein Consultancy Limited）、布拉姆利有限公司（Bramley Corporation Ltd.）与被申请人北京中赫国安足球俱乐部有限责任公司申请认可和执行香港仲裁裁决案"中，[①]被申请人以社会公共利益为由提出抗辩。法院认为，社会公共利益应是关系全体社会成员的利益，为社会公众所享有，不同于合同当事人的利益，虽然国安俱乐部的部分资产属于国有资产，但不能将与其有关的所有事项均认定为社会公共利益。北京市第四中级人民法院对该项抗辩事由不予采纳，裁定认可和执行香港国际仲裁中心作出的案涉裁决。

---

① 北京市第四中级人民法院（2020）京04认港5号民事裁定书，系内地与香港相互执行仲裁裁决典型案例之三。

年度总结

当前,国内外形势正在发生深刻、复杂的变化,放眼世界,我们面对的是百年未有之大变局,必须全面把握当今世界发展变化带来的机遇和挑战。习近平总书记指出:“要坚持对外开放基本国策,善于统筹国内国际两个大局,利用好国际国内两个市场、两种资源,发展更高层次的开放型经济,积极参与全球经济治理,同时坚决维护我国发展利益,积极防范各种风险,确保国际经济安全。”我们强调构建以国内大循环为主体、国内国际双循环相互促进的新发展格局,决不是要关起门来搞封闭运行,而是既要坚定实施扩大内需战略,也要以更大力度扩大对外开放,构筑国际合作和竞争新优势。

近年来,中国以前所未有的开放姿态参与全球经济治理。中国国际商事仲裁作为优化营商环境、提升法治软实力的重要手段,在持续打造市场化、法治化、国际化营商环境治理,促进投资便利化自由化,推进“一带一路”倡议实施,构建国际商事纠纷多元解决机制等方面发挥积极作用,已经成为推进全面依法治国、促进经济社会发展、服务国家对外开放等工作的积极参与者和贡献者。65 年来,以贸仲为代表的中国国际仲裁机构始终见证并践行中国仲裁与国际仲裁的融合发展。特别是新冠肺炎疫情发生以来，贸仲坚持以习近平新时代中国特色社会主义思想为指导，全面贯彻党中央重大决策部署，坚持新发展理念，服务大局，坚持独立公正，统筹推进新冠肺炎疫情防控和仲裁业务发展，为中外当事人提供优质、高效的仲裁法律服务，不断增强中国仲裁的竞争力，提升中国仲裁的公信力。

回顾2020～2021年，中国国际商事仲裁理论研究与仲裁实践主要聚焦关注以下热点问题，并取得了积极进展。

第一，以贸仲为代表的中国仲裁的国际影响力进一步扩大，国际地位和话语权显著提高。各主要国际仲裁机构均在2020年实现了受案总标的额的显著增长，其中，贸仲受理仲裁案件涉案标的额再破千亿元大关，标的额过亿元的大额标的案件数量尤为突出。大额标的案件的回流无疑将助力中国国际商事仲裁事业的稳步发展，且案件当事人涉及的国家与地区分布更广泛，也从侧面反映中国国际商事仲裁机构的服务质量与业务水平不断得到了当事人的认可。贸仲拥有涉及85个国家和地区的483名外籍仲裁员队伍、3家海外分支机构、80多个海外合作伙伴。此外，贸仲还发起了有近30家境外仲裁机构参与的“一带一路”仲裁机构北京联合宣言机制，其中包括“中国仲裁周”“中国仲裁高峰论坛”等仲裁交流平台，建构起了广泛的国际交往与合作。贸仲依托这些资源、渠道、平台，不断扩大中国仲裁的国际影响，树立我国良好的法治形象，充分展示我国法治建设成就和国际商事纠纷解决创新成果。同时，还彰显了贸仲作为中国具有代表性的国际仲裁机构，在促进世界经贸发展、推动国际仲裁界防疫国际合作中发挥品牌引领作用,获得了中外各界人士的高度认可和积极评价。

第二,积极回应并探讨在新冠肺炎疫情下国际商事仲裁的发展与实践,中国仲裁机构处理国际商事仲裁案件的能力大大提升。新冠肺炎疫情对各个国家和地区乃至世界经济发展带来了严重的消极影响,很多国家和地区的经济生活纷纷进入“倒退”状态。这一严重影响在诸多行业中得以具体显现,其中较典型的是国际贸易、建设工程、航空以及金融领域。在仲裁程序以及审理方式层面,一系列的违约行为与纠纷给商事仲裁机构带来了较大负担。我国已经逐步从新冠肺炎疫情的阴影下走出来,特别是在疫情期间,贸仲等仲裁机构迅速出台了一系列保障仲裁活动顺利进行的措施,远程开庭等互联网信息技术得以全面应用。但是,远程开庭等措施也使仲裁程序存在被质疑的空间,是否需要以当事人的同意为前提、仲裁庭的权力与当事人权利之间的关系如何平衡等问题,成为业界的讨论焦点。

新冠肺炎疫情对国际商事仲裁的影响,应当按照个案分析的思路,对每一个具体案件中所遇到的情形均加以考虑。一方面,分析因新冠肺炎疫情引起的商事争议的实体法律问题;另一方面,分析如何确保因新冠肺炎疫情给仲裁程序安排带来的变动正当且合理。在不断总结个案经验的基础上,国际仲裁业界为处理因新冠肺炎疫情引发的争议而积累的经验,为应对新冠肺炎疫情对仲裁程序的影响而采取的各种应对措施,必将成为国际商事仲裁事业不断发展进步史上的重要内容。

第三,金融仲裁作为一种便捷有效的纠纷解决方式,在解决金融机构与金融消费者之间的法律纠纷方面具有非常重要的地位,金融类仲裁案件的数量、标的金额逐年递增的趋势，佐证了仲裁程序在金融争议解决方面的优势已经越来越得到市场主体的认可。贸仲自成立以来，一直在金融领域持续耕耘，注重服务金融行业发展，契合金融行业的创新需求，在60多年的实践中积累了丰富经验。早在2003年，贸仲就颁布了《金融仲裁规则》，是国内第一家颁布金融领域专门仲裁规则的仲裁机构。本书特别观察了当前涉及国内及跨境金融类纠纷仲裁案件呈现的特点以及金融类案件仲裁理念的发展情况。在贸仲受理的金融类仲裁案件中，争议量前3位的机构类型分别为基金管理人、基金托管人和证券公司，争议量前3位的合同类型分别为基金合同纠纷、债券合同纠纷、借款合同纠纷。金融类仲裁案件基本覆盖全部持牌金融机构和类金融机构，涉及的行业覆盖面较广，有银行、信托、证券、基金、保险、资产管理等。但争议相对多发的机构类型也非常集中，如金融类仲裁案件常发于基金类纠纷。金融类仲裁案件呈现小额、分散的特点，但同样性质或同一主体争议累计案件金额可能巨大。基于金融争议的上述特点，与传统诉讼的争议解决方式相比，金融仲裁具有平等性、快捷性、保密性和权威性，有助于降低金融消费者法律救济成本和救济风险。同时，金融仲裁在防范化解金融风险、维护金融安全稳定方面也将持续发挥更积极的作用，并为金融行业提供更高品质、更符合国际化标准的仲裁服务。

第四，聚焦2020年前后国际商事仲裁领域仲裁员利益冲突及回避问题的实务动态及发展状况，力图重建该领域的最新图景，并分析发现的问题。近3年来，贸仲受理回避申请71项，作出书面回避决定0份；全国法院系统受理涉及仲裁员利益冲突案件989件,法院裁定撤销或不予执行6件。以上数据基本能够反映仲裁员利益冲突案件在司法实践中的真实情况,即以利益冲突为由决定仲裁员回避或消灭裁决效力的案件,在实务中维持在一个较低比例。一方面,这意味着中国已经初步建立了一支高素质的仲裁队伍,仲裁正稳步上升为公众认同的争议解决方式;另一方面,这也体现了中国法院对仲裁的支持和信任。本书还专门实证分析仲裁员利益冲突的典型案例,大致可分为违反仲裁法规、违反仲裁规则、违反仲裁员守则以及其他案例4种类型,这对于明晰仲裁员利益冲突问题的边界具有重大参考意义。自1995年《仲裁法》生效以来,虽然相关法律规定目前没有变化,但在贸仲等仲裁机构的推动下,中国仲裁员利益冲突及回避制度发展迅速,逐步与国际主流实践靠拢。同时,为了提高中国仲裁的美誉度,需要对仲裁员相关制度不断进行优化整合,可以参考2014年国际律师协会《关于国际仲裁中利益冲突问题的指南》的理念,建立中国仲裁员利益冲突分级机制,明确当事人弃权后果,加强仲裁员培训。

第五,人民法院秉持“司法支持仲裁”的理念,对仲裁实施有限的司法审查,且法院已经形成了支持仲裁程序的推进和仲裁裁决的执行的基本共识。本书继续梳理总结我国法院对仲裁的司法审查典型案例和域外仲裁裁决的执行情况。从申请适用《承认及执行外国仲裁裁决公约》(以下简称《纽约公约》)的案件看,人民法院秉持有利于裁决执行的公约精神,尊重当事人约定的仲裁协议以及仲裁规则、严格把握公共政策条款,在民事裁定书中对《纽约公约》的说理和分析日趋详细,并在对其具体条款的理解上,适当参考了联合国国际贸易法委员会关于《纽约公约》的指南,整体呈现了较高的涉外司法裁判水平。在适用方面,有下列几个新的动向值得关注:一是从宽理解《纽约公约》第4条的规定;二是关于仲裁协议签字人的代理权问题,确定代理关系发生地法即协议签订地法来判断代理关系成立与否,在确认代理关系以及保护交易相对人利益上具有更强的可预期性;三是仲裁适当通知问题,被申请人是否实际收到仲裁文件并非判断仲裁送达程序是否合法的依据;四是关于仲裁前置协商程序,人民法院对违反仲裁协议的情形如何处理,是将其作为管辖权问题予以审查,还是对该种审查思路设定例外情形,有待进一步观察;五是关于违反公共政策的情形,仲裁裁决作出是否违反保密义务的认定,其所影响的只是申请人与被申请人的经济利益,不违反我国的基本法律制度。由于知识产权的地域性以及各国保护水平的差异,未来可能会在知识产权领域产生较多公共政策条款的解释争议,值得关注。从申请认可和执行我国港澳台地区仲裁裁决案件来看,主要聚集我国香港特别行政区仲裁程序的协助保全问题、管辖权异议的相关问题、内地裁决在香港特别行政区被拒绝执行不影响裁决在内地的效力、指定仲裁员的程序问题、仲裁程序中的仲裁员披露义务、当事人被清盘不影响仲裁司法审查程序中的主体地位、涉香港特别行政区仲裁协议准据法问题、仲裁中的通知问题、社会公共利益的界定等相关法律问题。

2021年是我国现代化建设进程中具有特殊重要意义的一年,是“十四五”规划的开局之年。我们要坚定维护以联合国为核心的国际体系,坚定维护以国际法为基础的国际秩序,坚定维护以《联合国宪章》宗旨和原则为基础的国际法基本原则和国际关系基本准则,加快构建更加稳定、共赢的国际经贸秩序和治理体系。推动更高水平对外开放、建设自由贸易试验区和海南自由贸易港、共建"一带一路"、加强区域经贸合作、参与全球治理体系改革、应对全球新冠肺炎疫情等,对我国国际商事仲裁工作带来了新挑战。在这种大背景下,我国国际商事仲裁工作唯有迎难而上,不断推动国际商事仲裁实现新发展,不断提高国际商事仲裁能力和水平,努力让当事人在每一个国际商事仲裁案件中感受到公平正义。

图书在版编目(CIP)数据

中国国际商事仲裁年度报告. 2020～2021 / 中国国际经济贸易仲裁委员会主编. -- 北京：法律出版社，2021
ISBN 978－7－5197－5869－1

Ⅰ. ①中… Ⅱ. ①中… Ⅲ. ①国际商事仲裁－研究报告－中国－2020－2021 Ⅳ. ①D997.4

中国版本图书馆CIP数据核字(2021)第171133号

中国国际商事仲裁年度报告(2020～2021)
ZHONGGUO GUOJI SHANGSHI ZHONGCAI NIANDU BAOGAO (2020～2021)

中国国际经济贸易仲裁委员会 主编

策划编辑 沈小英
责任编辑 沈小英 毛镜澄
装帧设计 李 瞻

出版发行 法律出版社
编辑统筹 法治与经济出版分社
责任校对 周合芝
责任印制 吕亚莉
经　　销 新华书店

开本 710毫米×1000毫米 1/16
印张 15.75 **字数** 197千
版本 2021年9月第1版
印次 2021年9月第1次印刷
印刷 北京虎彩文化传播有限公司

地址：北京市丰台区莲花池西里7号(100073)
网址：www.lawpress.com.cn
投稿邮箱：info@lawpress.com.cn
举报盗版邮箱：jbwq@lawpress.com.cn
销售电话：010－83938349
客服电话：010－83938350
咨询电话：010－63939796

书号：ISBN 978－7－5197－5869－1
定价：88.00元

凡购买本社图书，如有印装错误，我社负责退换。电话：010－83938349